교육엄마

# 교육엄마

50가지 교육법으로 스탠퍼드대에 세 아들 보낸 '워킹 맘' 이야기

천 메이링 지음 ㅣ 강초아 옮김

서교출판사

이 책에는 홍콩과 일본에서 베스트셀러 작가이자 '교육 엄마'로 유명한 천 메이링(아그네스 천)의 50가지 교육법이 담겨 있다. 지은이는 1985년 결혼한 이후 아들 셋을 낳았는데, 세 아들 모두 미국의 최고 명문 대학인 스탠퍼드대학교에 진학했다. 한 명도 결코 쉽지 않은데 셋 모두 세계에서 들어가기 가장 어렵다는 스탠퍼드대학교에 합격한 것이다.

이 책《교육 엄마》에는 소박하지만 숨김없는 그녀의 자녀 교육법이 진솔하게 서술되어 있다. 저자 역시 스탠퍼드대학교에서 교육학 박사 학위를 취득한 교육 전문가이지만, 교육이론을 마구 떠벌이지는 않는다. 자신의 경험담 위주로 담담하게 기술해 나간다. 자녀를 키우는 부모라면 누구나 깊이 공감할 수 있는 내용으로 가득 채워져 있다. 학부모든 선생님이든 자녀교육과 관련된 분이라면 꼭 읽어야 할 책으로 전혀 손색이 없다. 옮긴이도 이 책을 우리말로 옮기면서 이러한 자녀 교육 성공 체험담이 전에도 있었는지 모를 정도로 푹 빠져들었다. 어떤 부분에서는 무릎을 '탁' 치며 밑줄을 긋기도 했다. 큰 깨달음마저 얻었다. 그뿐 아니라 나 자신을 어떻게 발전시킬 것인지에 대해서도 흥미롭게 읽었다.

총 6부로 구성된 이 책은 처음부터 끝까지 어느 대목 하나 소홀히 할 수 없을 만큼 유익하다. 생생하게 살아 있는 정보이기에 더 그렇지 않나 싶다. 특히 AI(인공지능) 시대, 사고력과 창의력 배양이 그 어느 때보다 더 중요해진 지금 미래 인재 양성에 심대한 도우미 역할을 톡톡히 할 것으로 보인다.

이 책은 2016년에 출간되자마자 일본 교육 분야 베스트셀러 1위가 되었고, 홍콩에서도 여러 차례 베스트셀러 1위에 올랐다. 중국과 대만, 베트남에서는 10쇄 이상 연속 중쇄를 찍었다. 이 책의 원제는 50 Education Methods from a Mother Who Put 3 Sons into Stanford University(세 아들을 스탠퍼드대학교에 보낸 어머니의 50가지 교육법)이다. 옮긴이는 이 책을 번역하면서 한국, 일본, 중국, 대만, 홍콩, 등 아시아의 주요 국가들은 물론 베트남, 태국 등 동남아 국가에서도 자녀를 글로벌 인재로 키우고자

하는 열망을 알게 되었다.

 이 책이 독자 여러분께 커다란 울림을 주리라고 생각한다. 특히, 자녀 교육에 고심하는 많은 가정의 부모님과 학생들을 지도하는 데에 고충이 많은 일선 교사들에게 도움이 되리라고 확신한다. 번역의 기회를 주신 서교출판사에 감사드린다.

옮긴이

# 한국어판 출간에 앞서

2015년 막내아들이 스탠퍼드대학교에 입학했다. 이렇게 해서 나는 아들 셋을 모두 미국 명문 스탠퍼드대학교에 보내게 됐다.

"스탠퍼드대학교? 거기 하버드보다 경쟁률이 더 높은 대학이잖아요? 미국에서 가장 입학하기 어렵다는 대학 맞죠?"

"세 아들을 전부 스탠퍼드대학에 보내다니 정말 대단해요!"

"어떻게 한 겁니까? 비결이 뭐죠?"

질문이 쏟아졌다.

간단히 몇 마디 말로 설명할 수 없는 문제였다. 물방울이 바위를 뚫으려면 하루 이틀 가지고 되는 일이 아니니까.

미국 대학은 학생을 필기시험 하나만으로 선발하지 않는다. 일본처럼 시험 한 번으로 '인생 역전'하는 상황은 절대 벌어지지 않는다. 미국 대학에서 중요하게 여기는 것은 입학지원서 중에서도 흔히 '에세이(essay)'라고 하는 지원 학생이 직접 쓴 글의 내용이지 시험 점수가 아니다. 대부분의 영어권 국가에서 대학입학 자격 시험(SAT 혹은 ACT) 성적에 더해 그 학생의 과거 4년간의 성적을 고찰한다. 그 밖에도 외국어 능력, 소통 능력, 지도력, 사회공헌도, 미래의 가능성, 고등학교 지도교사의 평가, 수상 경력 등 여러 방면을 종합적으로 참고하여 선발한다.

성적도 물론 우수해야 한다. 그건 당연하다. 그 밖에 지금까지 어떤 일을 성취했는지 또 앞으로 어떤 목표를 달성할 수 있는지, 이 두 가지가 핵심이다. 바꿔 말하자면, 세계의 명문 대학에선 학생 개인의 인생을 종합적으로 살펴 입학 자격을 심사한다.

그래서 자기 아이가 일류 대학에 입학하기를 바라는 부모들은 평상시 아이의 생활에 충분히 주의를 기울여야 하며, 학습 능력이 우수할 뿐 아니라 개성적이고 매력 있는 사람으로 키워야 한다. 그렇지 않으면 어떤 방법을 써도 명문 대학에 합격할 수 없다. 솔직히 말해서 명문 대학 합격의 어려움이란 상상을 초월한다.

나는 일본에서 조치[上智]대학교에 다녔다. 그곳의 사회아동심리학과에서 2년간 수학한 뒤, 캐나다 토론토대학교에서 나머지 학점을 이수하고 그곳에서 졸업했다. 두 곳 다 아주 훌륭한 학교다. 하지만 전 세계 대학 순위로 비교를 한다면, 스탠퍼드대학교와 같은 명문 대학과는 차이가 크다고 할 수 있다. 그때의 나에게 스탠퍼드대학교는 머나먼 동경의 대상이었다. 그러나 1989년 어떤 인연으로 모든 것이 달라졌다. 사건의 발단은 이랬다.

내가 첫 아이를 낳은 뒤 갓난아이를 데리고 방송 현장으로 복귀하자 일본 사회에서 '아그네스 육아 논쟁'[1]이 벌어졌다. 아그네스 육아 논쟁은 여성의 권리를 둘러싼 논쟁이었고, 1987년부터 거의 2년간이나 계속됐다. 당시 사회적으로도 화제가 됐다. 이 사건이 미국의 〈타임〉지에도 실리면서 스탠퍼드대학교의 교육경제학자 마이라 스트로버(Myra H. Strober) 박사의 관심을 끌었다.

"저를 반드시 만나주세요."

그는 나를 아는 친구를 통해 이렇게 요청했다.

당시 일본 대학의 강사로 일하고 있던 나는 마침 캘리포니아대학교에서 특별 강연을 요청받은 상태였다. 강연 일정에 맞춰 미국에 간 뒤, 겸사겸사 스탠퍼드대학교에 들러 스트로버 박사를 만났다.

그때 처음 본 스탠퍼드대학교에 한눈에 반했다. 널찍한 캠퍼스 곳곳에는 스페인 양식의 건축물과 야자수가 있었다. 새파란 하늘 아래 학생들은 샌들과 짧은 바지 차림으로 발랄하게 돌아다녔

---

1 1978년 첫아들을 낳은 저자가 갓난아기인 아들을 데리고 텔레비전 방송국에서 녹화한 일이 있었다. 이 일이 언론에 보도되자 보수적인 일본 사회에서는 이에 대한 찬반 논쟁이 일었다.

다. 자유롭고 쾌활한 분위기의 스탠퍼드 교정을 둘러보면서 희망찬 미래를 느꼈다.

스트로버 박사는 나에게 대학원에 입학하라고 권했다. 경제학적 측면에서 '아그네스 육아 논쟁'을 분석하고 연구해보라는 것이었다. 그러나 당시에 한 아이의 엄마였던 내가 정말로 미국 유학을 할 수 있을지 막막했다. 그때 남편이 고민에 빠진 나를 응원하고 격려했다. 나 역시 '더 많은 지식을 배우고 싶다'는 갈망이 용솟음쳤다. 나는 스탠퍼드대학교에 가기 위해 논문을 쓰고 대학원 입학 자격시험(GRE)을 치렀다. 그렇게 해서 1989년 정식으로 스탠퍼드대학교 교육학 박사 과정에 들어갔다.

나는 아이를 데리고 유학 생활을 시작했다. 스탠퍼드대학교는 예상했던 그대로 더욱 커다란 이상과 비전을 실현해 주었다. 물론 박사 과정은 너무도 어려웠고, 그때마다 많은 친구와 교수님들의 따뜻한 도움이 있었다.

5년이 지났다.

1994년, 나는 졸업 논문을 완성하고 꿈에 그리던 교육학 박사 학위를 받으며 순탄하게 졸업했다. 그 사이에 둘째 아들이 태어나 두 아이의 엄마가 되었다. 박사 과정을 밟는 동안 스탠퍼드대학교의 캠퍼스에서 뛰어노는 아이들을 바라보면서 점차 이런 생각이 들었다.

'언젠가 이 아이들도 스탠퍼드대학교에서 공부하게 된다면 얼마나 좋을까?'

물론 그때는 단지 꿈에 불과했다.

스탠퍼드대학교는 미국 IT 기술 혁신의 메카인 실리콘밸리의 발상지이다.

오늘날 실리콘밸리에는 구글, 야후, 페이스북, 애플 등 정보사회를 주도하는 세계적인 회사들이 즐비하다. 거리는 온통 젊은 창업자들, 한 시대를 창조하는 일류 엘리트들로 가득하다. 이 수많은 인재를 스탠퍼드대학교가 길러낸 것이다. 내 아이들도 이런 환경에서 공부한다면 세계를 무대로 활약하는 인재가 될 거라는 생각이 들었다.

일본에도 우수한 대학이 많다. 하지만 스탠퍼드대학교와 같은 미국의 일류 대학은 인재의 수에서든 학교의 재력에서든 어느 면에서도 우세하다. 더 좋은 환경에서 더 뛰어난 수준의 학생들과 어깨를 나란히 하며 공부할 때의 장점은 셀 수 없이 많다. 일본에서 공부한다면 세계를 시야에 담을 가능성이 애초에 없을지도 모른다. 아이들에게 이 세계의 진정한 넓이와 놀라운 화려함을 알려주고 싶다는 생각이 점점 더 강해졌다.

우리 부부는 둘 다 직업이 있어서 아이들을 돌볼 시간이 부족했다. 아이들을 잘 보호하고 건강하게 길러내는 일만 해도 이미 쉽지 않은 상황이었다.

정말로 아이들을 미국의 일류 대학에 보낼 수 있을까? 아이들은 어렸고, 나는 아무런 확신도 없었다. 다만 내 머릿속 깊은 곳에 아이들을 세계적인 인재로 키우고 싶다는 열망이 자리 잡고 있었던 것만은 확실했다. 또한 '시대에 뒤처지고 싶지 않다'는 위기감도 있었다. 부모로서 후회하고 싶지 않았다. 매일 할 수 있는 모든 일을 힘닿는 데까지 해보기로 했다.

나는 대부분의 시간을 되도록 아이들과 함께 보냈다. 아이들과 시간을 보내면서 토론토대학교에서 배운 아동심리학과 스탠퍼드대학교에서 연구한 교육학 이론을 활용했고, 거기에 나 자신의 경험과 부모님에게서 받은 가르침을 접목해 나만의 교육법을 만들었다. 그것은 매일의 도전이자 일종의 행복이었다.

남편도 틈만 나면 나와 함께 아이들을 위해 시간을 쏟았다. 이렇게 같은 마음으로 한길을 걸었고, 결국 세 아들이 모두 스탠퍼드대학교에 입학하는 꿈을 이뤘다.

셋째가 합격했다는 소식을 들었을 때 나는 너무 기뻐서 펄쩍펄쩍 뛰었다. 울다가 웃고, 웃다가 소리를 지르며 좋아했다. 주위에 있던 모든 사람과 포옹하기도 했다. 정말로 기적이 일어난 것 같은 느낌이었다. 나는 쉴 새 없이 '감사합니다, 감사합니다!', '노력은 가치 있는 일이야! 모든 노력에는 보상이 따르는 거야!' 하고 속으로 되뇌었다.

단지 스탠퍼드대학교에 합격했다는 것만으로 그렇게 기뻐한 것은 아니다. 좋은 학교 졸업이 그 이후의 인생을 보장해 주지는 않기 때문이다.

미국에서 가장 입학하기 힘든 스탠퍼드대학교가 나의 아이들을 인정해주었다는 것, 엄격한 입학 선발 기준을 통과함으로써 아이들이 쏟은 노력과 그로 인한 성장이 인정받았다는 것이 기쁜 것이다. 나는 부모로서 더할 나위 없이 자랑스러웠다.

"세 아들이 모두 스탠퍼드에 들어갔다고? 말도 안 돼!"

"어떤 특별한 교육을 했나요?"

이런 질문을 받을 때면 나는 늘 이렇게 대답한다.

"아뇨, 아주 일반적인 교육이었는데요."

한 번도 다른 사람과 비교해본 적이 없었으므로 나의 교육법이 얼마나 특별한지도 알 수 없다. 각자의 가정 상황이나 아이들 개성에 따라 자식을 가르치는 가장 적합한 방법이 모두 다르다. 나의 교육법이 모든 사람에게 다 잘 맞을지 확신할 수는 없다. 심지어 내가 사용한 교육법은 아주 특수해서 보편적으로 활용하기 어렵다는 생각이 들기도 한다.

하지만 여전히 많은 사람이 나의 교육법을 알려달라고 말한다. 그렇다면 나중에 손자를 위해서 필요할지도 모르니 내가 직접 활용하고 실천했던 교육법을 하나하나 정리해보기로 했다.

이 책에 나오는 자녀 교육법은 아이를 세계적인 명문대에 입학시키기 위해 필요한 기술이 아니라 세계를 무대로 활약하는 인재를 길러내는 방법이다. 교육에도 국제적 표준이 있다. 교육 수준이 국제 표준에 미치지 못할 경우 그 아이는 세계는 고사하고 국내에서도 뜻을 펼치기 힘들다.

아무쪼록 이 책이 세계 수준의 자녀 교육을 바라는 여러분에게 조금이라도 도움이 된다면 그것만으로도 큰 영광이다. 여러분의 자녀는 누구나 원대한 이상을 품고 도전에 적극적으로 맞서며 새로운 인류를 위해 공헌하는 인재로 자라날 수 있다. 아이들에게는 무한한 가능성이 있기 때문이다.

끝으로 나의 졸저가 한국에서 출간된다는 소식을 듣고는 매우 기뻤다. 그 덕에 한국의 훌륭한 교육자 및 학부모님들과 온·오프라인을 통해 소통할 기회를 얻었다. 이 책의 출판을 위해 수고해주신 관계자 여러분께 깊이 감사드린다.

지은이

# 2018 세계 대학 순위표

| 순위 | 대학명 | 국가 |
|---|---|---|
| 1 | 매사추세츠공과대학교(MIT) | 미국 |
| 2 | 스탠퍼드대학교 | 미국 |
| 3 | 하버드대학교 | 미국 |
| 4 | 캘리포니아공과대학교(CALTECH) | 미국 |
| 5 | 케임브리지대학교 | 영국 |
| 6 | 옥스퍼드대학교 | 영국 |
| 7 | 유니버시티칼리지런던(UCL) | 영국 |
| 8 | 임페리얼칼리지런던 | 영국 |
| 9 | 시카고대학교 | 미국 |
| 10 | 취리히연방공과대학(ETH Zürich) | 스위스 |
| 11 | 난양기술대학교(NTU) | 싱가포르 |
| 12 | 로잔공과대학(EPFL) | 스위스 |
| 13 | 프린스턴대학교 | 미국 |
| 14 | 코넬대학교 | 미국 |
| 15 | 싱가포르국립대학교(NUS) | 싱가포르 |
| 25 | 칭화대학교 | 중국 |
| 28 | 도쿄대학교 | 일본 |
| 36 | 서울대학교 | 한국 |
| 36 | 교토대학 | 일본 |
| 38 | 베이징대학 | 중국 |
| 41 | 카이스트 | 한국 |
| 71 | 포항공과대학교 | 한국 |

• 출처 : 2018 세계 대학교 순위(QS World University Rankings),
QS(Quacquarelli Symonds, 영국 고등교육 평가기관)

# 차 례

**Chapter 1**

# 교육 엄마: 8가지 각오
| 자녀 성공 교육을 위한 부모의 기본 자세 |

Chapter 4

# 교육 엄마: 공부 좋아하는 아이로 키우는 9가지 방법
| 공부를 좋아하게 하는 또 다른 조건 |

Chapter 5

# 교육 엄마: 사춘기 아이를 대하는 6가지 방법
| 소통의 힘 |

# Chapter 6

# 교육 엄마의 조언: 스탠퍼드대학교로 가는 길
| 목표가 생기면 길이 있다 |

# 교육 엄마:
# 8가지 각오

| 자녀 성공 교육을 위한 부모의 기본 자세 |

50 Education Methods from a Mother
Who Put 3 Sons into Stanford University

# 01

# 교육 엄마 선언

교육은 부모가 자식에게 줄 수 있는
최고의 선물이다.

나는 자녀를 교육하는 데 온 신경을 쏟는 엄마, 즉 '교육 엄마'[2]
라고 스스로 생각한다.

왜 '교육 엄마'가 되었을까? 나의 성장 배경에 그 이유가 있다.

내 아버지는 홍콩에서 태어났다. 아편전쟁 이후 홍콩은 영국의
식민지가 되었다. 2차 세계대전 때는 일본에 점령됐고, 전쟁이 끝
나자 다시 영국의 통치를 받았다. 1997년 중국에 반환될 때까지
그랬다.

---

2 교육 엄마 : 일본에서 쓰이는 말로 아이 교육에 모든 것을 거는 열혈 엄마들을 가리킨
  다. 아이의 의사를 무시한 과도하고 일방적 교육이라는 부정적 뉘앙스도 담겨 있다. 유
  대인 엄마들은 스스로 교육 엄마임을 자랑스러워하는데, 여기엔 교육이 힘이라는 오랜
  경험이 담겨 있다.

나의 부모님은 이처럼 엄혹한 사회에서 살았다. 불안정한 삶이었다. 어제까지만 해도 은행에 맡겨 두었던 돈이 정부가 바뀌면서 아무런 의미 없는 휴짓조각이 된 적도 있었다. 이런 일이 여러 차례 벌어졌다. 사업체, 부동산, 심지어 명예까지… 그 무엇을 가졌더라도 정권이 바뀌면 가치관이 일거에 뒤집히고 가지고 있는 모든 것이 하룻밤 새 사라졌다.

그래서 아버지는 항상 이런 말을 입에 달고 사셨다.

"돈이나 명예는 흐르는 물과 같은 거다. 무슨 일이 벌어지면 당장 빼앗긴다. 하지만 지식은 네 머릿속에 한 번 들어가면 아무도 빼앗지 못한다. 지식이야말로 평생의 보물이다. 그러니 공부할 수 있을 때 그 기회를 소중히 여기고 열심히 공부해야 한다."

생활이 아무리 힘들어도 부모님은 열심히 일하셨고, 집안의 여섯 아이를 모두 학교에 보내 공부를 시키셨다. 아버지는 자녀 교육에 대해 절대 변하지 않는 굳은 신념을 지니셨다.

"아이들에게는 아름다운 미래가 있다. 단, 좋은 교육을 받았다는 전제에서 그렇다."

나는 아이돌 가수라는 직업을 그만두고 캐나다로 공부를 하러 갔다. 그것도 아버지의 말씀에 설득되었기 때문이었다. 그때는 가수 활동이 너무도 바빠서 대학에도 가지 못하고 친구도 사귀지 못할 정도였다. 내가 그렇게 힘들게 일하는 모습을 본 아버지가 유학을 권하셨던 것이다.

나는 토론토대학교에서 2년간 공부했다. 그때가 내 인생의 커다란 전환기였다. 단지 공부만 한 것이 아니라 왜 노래를 해야 하는지, 나의 자아 정체성을 찾기 위해 깊게 생각했던 시기다. 그 후 나는 스탠퍼드대학교에서 박사 학위를 받았고 내 인생은 더욱 광활한 세상으로 진입했다.

"공부할 수 있을 때 그 기회를 소중히 여기고 열심히 공부해야 한다."

아버지의 이 가르침이 내 인생에서 얼마나 큰 역할을 했는지 모른다. 지금도 아버지께 감사드리고, 시시때때로 그 말씀을 떠올리며 의미를 되새긴다. 부모가 아이들에게 줄 수 있는 최고의 선물이 바로 교육이다. 나는 마음속으로 맹세했다. 나중에 아이들이 태어나면 내 평생을 걸고 아이들을 잘 가르치겠다고.

나는 '교육 엄마'라는 게 자랑스럽다. 어쩌면 이렇게 말하는 사람이 있을지도 모른다.

"항상 그렇게 '공부, 공부'하고 잔소리하면 아이들이 불쌍해요."

교육은 공부가 아니다. 교육이라는 단어는 매우 풍부한 의미를 담고 있다. 그래서 나는 내가 '교육 엄마'라는 사실이 매우 자랑스럽다.

그렇다면, 자녀 교육은 언제부터 시작해야 하는가?

나는 임신하면 시작해야 한다고 생각한다. 무슨 특별한 태교를 했던 것은 아니지만, 모든 엄마의 마음이 그렇듯 나 역시 임신했을 때 몸을 잘 보살펴서 건강한 아이를 낳아야겠다고 생각했다. 임신 9개월이 되었을 때는 앞으로의 육아계획에 맞춰 가정 내에서 생활 방식을 어떻게 조정해야 할지 남편과 상의해서 결정했다. 그때부터 자녀 교육을 계획하고 목표를 세운 것이다.

영·유아기는 교육에서 가장 중요한 시기다. '세 살 버릇 여든 간다'는 말이 있다. 대뇌 발육은 세 살 이전에 80% 완성된다고 한다. 이 시기에 형성된 성격과 개성은 아이의 인생에 큰 영향을 미친다. 수많은 심리학자와 교육학자가 영·유아기 때 교육에 투자하면 교육 효과가 훨씬 높다고 믿는다.

취학 연령 이전의 아이들은 엄마가 곁에 붙어서 돌봐야 한다. 가능한 한 아이와 많은 시간을 함께 보내 아이가 엄마의 사랑을 가득 느낄 수 있게 하는 것이 좋다. 이런 생각은 내가 임신했을 때부터 하던 생각이다. 그래서 태어난 지 얼마 안 된 아이를 데리고 방송국에 일하러 갔던 것이다.

만약 영·유아기의 교육이 순조롭다면 취학 연령이 된 후에는 교육이 훨씬 편하고 쉬워진다. 아이들의 교육은 단지 학습 능력의 배양만이 아니라, 심신 양면으로 종합적인 인성을 기르는 과정이다.

나는 교육에 있어서만큼은 큰 목표를 세웠다. 아이들이 최고의 환경에서 우수한 선생님과 친구들에게 둘러싸여 배울 수 있게 해 주겠다는 것이었다. 그래야 더 많은 지극을 받고 더욱 자발적으로 공부할 수 있다. 나는 내가 할 수 있는 일이라면 뭐든지 했다고 생각한다. 결과적으로 우리 집 세 아들은 전부 꿈을 이뤄 세계적으로 명문인 스탠퍼드대학교에 합격할 수 있었다.

# 02

## 교육 방침에 대한
## 확신

아이를 교육하는 방법에 있어서
부부는 생각이 일치해야 한다.


부부는 아이의 교육 방침에 대해 반드시 의견 일치를 이뤄야
한다.

임신한 뒤 우리 부부는 바로 육아에 대해 의논했고 꽤 잘 맞았
다. 남편은 나에게 "우리 사이에 어떤 의견 충돌이 있더라도 자녀
교육에서는 당신 뜻에 따라 결정하겠다"고 말했다.

"내가 당신보다 교육에 관심이 없잖소."

남편은 이렇게 말하지만, 지금 돌이켜 생각하면 중요한 순간마
다 좋은 의견을 많이 제시했다. 결과적으로 보면 남편이 제안한
내용을 내가 다 받아들였던 것 같다.

남편은 자녀 교육의 좋은 파트너다. 나와 가사를 분담할 뿐 아
니라, 내가 없을 때 남편 혼자서 아이들의 하루 일과를 책임지고

돌본다. 결혼 후에 여러 차례 상의를 거치면서 나도 남편도 천천히 배우고 익혀나간 결과다. 큰아들을 낳았을 때, 남편은 육아에 적극적이지 않았다. 둘째가 태어난 뒤 달라지기 시작했다. 아버지와 어머니 모두의 보살핌을 받는 아이들은 확실히 다른 아이들에 비해 얌전하고 순하다. 아버지를 통해 배우는 것과 어머니를 통해 배우는 것이 다르다. 그래서 나는 운이 좋다고 생각한다. 아이를 키우는 일에 100% 참여하려고 노력하는 좋은 파트너를 만났으니 말이다.

나는 스탠퍼드대학교에서 박사 과정을 끝낸 뒤, 일본으로 돌아가 박사 학위 논문을 쓰면서 일을 다시 시작했다. 그해가 1992년이었는데, 마침 큰아들을 어느 초등학교에 보낼지 결정해야 할 때였다. 처음에는 도쿄에 있는 어느 유명 사립 초등학교를 생각했다. 그 학교는 자동적으로 상급 학교에 진학하여 대학까지 갈 수 있는 시스템을 갖추고 있었다. '입시 전쟁'이란 말이 있을 만큼 일본 사회에서는 학력, 학벌은 신앙과도 같다. 명문 유치원부터 시작해 초중고, 대학에 이르는 입시 전쟁은 인생을 결정짓는 중대한 플랫폼이 되었다. 심지어 명문 대학 합격자를 늘리기 위해 일부 고등학교에서는 대입 학원과 계약을 맺어 학원 강사를 데려다 입시 특강까지 할 정도이니 그 과열 수준이 과연 웃지 못할 정도이다. 그래서 일단 명문 초등학교에 들어가면 학부모로서 이후의 진학 문제는 크게 걱정할 필요가 없는 것이다.

나는 선배 엄마들에게서 초등학교 입학시험에 대한 여러 가지 정보를 구했다. 그런데 어느 날 남편이 그 초등학교의 입학 설명회를 다녀오더니 이렇게 얘기했다.

"여보, 우리 이 학교 포기합시다."

설명회에서 선생님이 이렇게 말했다고 한다.

"응시자 수가 아주 많습니다. 학부모님들께서는 면접시험 날 아이가 감기에 걸리지 않게 신경 써 주십시오. 그날은 아이의 일생에서 가장 중요한 날입니다. 부모의 책임은 아이를 건강하게 학교까지 데려오는 겁니다."

남편은 매우 당황했다.

"아이가 감기에 걸리는 건 흔한 일이잖소. 그런 말을 하다니, 그 선생님들은 아이들 처지에서 생각하는 사람들이 아니었소. 그런 학교는 가지 않아도 돼."

남편의 이야기를 듣고 나는 깨달음을 얻었다. 아이를 명문 초등학교에 보내는 것은 단지 부모의 허영심만 채우는 일인지 모른다. '명품'만 좇는 세태에 휩쓸린 나 자신이 무척 부끄러웠다.

또 다른 선택지는 가족 모두가 마음에 들어 했던 국제학교였는데, 아이를 그곳에 보내면 아주 좋겠다고 생각했다. 그렇지만 그 국제학교는 당시 아직 일본 정부의 승인을 받지 못한 상태였다. 즉 아이가 그곳을 졸업해도 일본 내의 대학에 들어갈 자격을 얻을 수 있을지 보장이 없었다. 우리 부부는 일단 입학 설명회에 가보기로 했다.

"면접 당일, 아이가 감기에 걸렸다면 바로 저희에게 알려주십시오. 면접 날짜를 조정해 드리겠습니다. 저희는 아이가 최고의 건강 상태일 때 만나고 싶습니다. 그러니 절대로 아이에게 부담을 주거나 무리하게 면접을 보실 필요가 없습니다."

선생님이 이렇게 말씀하시는 순간, 나와 남편은 서로 마주 보며 동시에 고개를 끄덕였다. '이 학교로 결정했다'는 뜻이었다. 우리는 둘 다 아이의 처지에서 생각하는 학교가 훨씬 좋다고 여겼다. 그 학교가 바로 니시마치[西町] 국제학교다.

아이가 학교에 입학한 후 나는 남편에게 당부했다. 아이의 학교 활동에 가능한 한 많이 참석해달라고 말이다. 그리고 나 역시 뭔가 어려움이나 고민이 생기면 반드시 남편과 상의해서 해결하겠다고 했다.

아이를 교육하는 데는 엄청난 노력이 필요하다. 부부의 협력이 없어서는 절대 안 될 요소다. 큰아들이 미국에서 고등학교에 다니고 싶다는 뜻을 밝혔을 때도, 스탠퍼드대학교에 가겠다고 결정했을 때도, 남편은 항상 나와 아이에게 합당한 충고를 해주었다. 어떤 학교에서 공부하는지는 아이의 인생에서 아주 중요한 결정이기 때문에, 반드시 미래를 내다보고 올바른 선택을 해야 한다.

내 친구가 이렇게 말한 적이 있다.

"우리 집 그이는 네 남편처럼 도와주지 않아."

하지만 자기 아이를 사랑하지 않는 아버지는 없다. 비록 처음에는 자녀 교육을 놓고 부부 사이에 의견이 다를 수 있지만, 차차 소통하면서 공통된 의견에 이를 수 있다. 자녀 교육에서 부부간의 의견 일치는 가장 기본적이다.

'맹모삼천지교(孟母三遷之敎)'라는 고사성어도 있듯, 아이의 교육 환경을 위해 어떨 때는 몇 번의 이사도 할 수도 있다는 각오가 필요하다. 중요한 결단을 내릴 때는 부부 두 사람이 최종적으로 상의를 잘해야 한다.

# 03

## 부모는 자녀 교육의
## 최종 책임자다

인격 형성이라는 중요한 일을 학교에만
맡겨서는 안 된다.

나는 '교육의 모든 책임은 부모에게 있다'는 말을 굳게 믿는다. 학교와 선생님은 중요한 조력자일 뿐, 아이 교육에 대한 모든 책임은 부모에게 있다.

초등학교, 중학교에서 배우는 모국어, 외국어, 수학 등은 읽기와 쓰기, 계산하기에 관한 것이지만, 고등학교와 대학교에서 배우는 것은 사회에서 반드시 알아야 할 전문 지식이다. 그러나 선생님의 가치관이 반드시 옳다고는 할 수 없다. 그중에는 아이가 배우지 않았으면 하고 바라는 것도 있을 수 있다.

내가 둘째 아이의 초등학교 참관수업에서 겪은 일이다. 어떤 선생님이 '인류는 모두 악하다'라는 주제로 평소 생활에서 일어난 일을 발표하라고 했다. 가족이나 자기 자신의 행동에서 나쁘다고 느꼈던 사례를 들어보라는 것이었다.

　나는 충격을 받았다. 그러나 우선은 조용히 지켜보기로 했다. 우리 아이가 발표할 순서가 됐다. 아이는 다음과 같이 말했다.

　"저는 인간이 악하지 않다고 생각합니다. 만약 주변에 나쁜 사람이 있다면 저는 그 사람과 잘 이야기를 나누고 올바르게 고칠 수 있도록 도와줄 거예요."

　발표를 들은 선생님은 이렇게 말했다.

　"이 주제의 의미를 완전히 이해하지 못한 것 같구나. 어쨌든 너도 발표하려고 노력해봐야 하지 않겠니? 자, 다들 박수로 격려해주자꾸나."

　선생님의 말씀을 들으면, 마치 아이의 관점이 잘못되었다는 듯했다. 다른 학생들의 발표 내용을 봐도 다른 사람의 잘못을 어떻게든 들춰내게 하는 식이었다.

　그 후 선생님께 찾아가서 내 생각을 말씀드렸다.

　"저는 인류가 악하다고 생각하지 않습니다…."

　선생님이 설명했다.

　"아뇨, 저는 자신이 악하다는 것을 분명히 알고 있는 아이야말로 다른 사람을 용서(이해)할 수 있다고 생각합니다. 아이들이 자기 자신도 나쁜 사람이라는 것을 기억하게 하는 것이 좋다고 봅니다."

어쨌든 그 선생님은 자기 생각이 옳다고 굳게 믿고서 전혀 양보할 생각이 없었다.

선생님께 내 생각을 말씀드린 이유는 나의 주장이 옳다고 말하려기보단 아이의 자유의사를 무시한 채 진행되는 수업 방식을 개선해 줬으면 하는 뜻에서였다. 나는 집에 돌아와 둘째 아이와 다시 한번 이야기를 나눴다.

"그렇지 않아. 너도 엄마도 나쁜 사람은 없어. 다들 악하지 않아."

"내가 말한 게 맞지요, 그렇죠?"

아이는 그제야 안심했다는 표정을 지었다.

선생님들의 생각도 틀릴 수 있다. 국제학교에서는 아시아인을 업신여기는 선생님도 있었다. 단지 규칙과 제도만 생각하고 자신의 권위로 학생을 복종시키려는 선생님도 있었다. 아이가 그런 잘못된 생각에 영향을 받지 않도록 하는 것도 학부모의 책임이다.

어떻게 해도 우리 아이와는 잘 지내지 못했던 선생님이 담임이었던 적도 있다. 그때 나는 아이를 위로하면서 이렇게 말했다.

"선생님의 좋은 점을 최대한 많이 보려고 노력해봐. 그리고 공부에만 신경을 쏟는 거야. 만약 아무리 해도 그 선생님을 좋아할 수 없다면, 그래도 겨우 1년이잖니."

나 역시 담임선생님의 개인적 감정 때문에 아이의 성적에 나쁜 영향이 미치지 않도록 가능한 한 성실하게 학교 행사에 참여하려고 노력했다.

인격이 형성되는 중요한 시기에 아이들은 대부분의 시간을 학교에서 보낸다. 좁은 세계에서 다른 아이와 비교당하고, 학업 성적이나 체육 능력으로 개인의 가치가 평가된다. 정말로 잔인한 환경이 아닌가. 어떤 아이들은 순조롭게 학교생활에 적응하고 그 속의 즐거움에 빠져들지만, 어떤 아이들은 학교에서 철저히 배제되거나 괴로움만 느끼기도 한다. 학부모는 학교생활이 내포하고 있는 위험도 분명히 인지하고 있어야 한다. 어떤 환경에서도 아이들이 자신의 잠재력을 확장할 수 있도록, 자신을 믿을 수 있게 하는 책임이 부모에게 있다.

자녀 교육에서 책임자는 절대로 학교와 선생님이 아니다.

"아이 교육의 모든 책임은 부모에게 있다."

우선 이와 같은 각오부터 다져야 한다.

# 04

# 무한한 사랑을
# 아이에게 쏟아라

사랑받는 아이가 타인을 신뢰한다.

인간은 성장 과정에서 사랑을 받아야 타인을 신뢰할 수 있다. 또한 타인을 신뢰해야 자기 자신을 신뢰할 수 있다.

그렇기에 영·유아기에는 아이들에게 모든 사랑을 쏟으려고 했다.

영·유아기에 일정한 사람에 의해 보살핌을 받고 사랑을 받는다면 타인을 신뢰할 수 있다. 배가 고플 때는 곧바로 먹을 것을 주고, 울면 달래주며, 피곤하면 안아준다. 이렇게 순환되어야 아이들이 안심하고 성장할 수 있다. 그리고 그렇게 보살펴주는 일은 엄마든 아빠든 다 할 수 있다. 보육시설의 선생님이나 할머니라도 상관없다.

반대로 아이가 만약 이 시기에 중요하게 대접받고 충분한 사랑을 느끼지 못한다면 소통 능력이 떨어지고 타인을 신뢰하지 못하게 된다.

어떻게 사랑을 표현할 것인지에 대해서는, 나는 스킨십이 중요하다고 생각한다. 우리 집 세 아들은 다들 한 살 혹은 8개월이 될 때까지 모유 수유를 했다. 아직 조그마한 아기일 때 자주 안아주고 업어주면서 엄마의 체온과 냄새를 느끼고 안심할 수 있게 해야한다. 아이들이 먼저 혼자 자겠다고 할 때까지 나는 계속 아이들과 같은 침대에서 잤다.

동시에 나도 의식적으로 더욱 순수하고 직접적인 어머니의 사랑을 표현하려고 애썼다.

아이들이 어릴 때 내가 자주 하던 행동이 있다. 꽉 끌어안고 "뽀뽀의 비가 내리네" 하고 말하면서 이마에서부터 발끝까지 뽀뽀를 해주는 것이다. 아이들은 그것을 크게 좋아하지는 않았지만, 그래도 킥킥거리며 즐겁게 웃곤 했다.

매일 일을 마치고 집에 돌아가면, 나는 반드시 아이들을 한 자리에 불러 모아 꽉 안아주면서 '세로토닌(serotonin),[3] 세로토닌,

---

3 세로토닌(serotonin)은 뇌에서 생성되는 신경전달물질로, 세로토닌 수치가 높으면 기분이 좋아지고 스트레스가 안정된다.

세로토닌' 하고 내가 가사를 바꾼 노래를 부르며 아이들에게 이렇게 말하곤 했다.

"어서 엄마에게 행복을 주렴."

그렇다, 세로토닌은 바로 행복의 호르몬이다. 가장 좋아하는 사람과 함께 있을 때 우리의 뇌에서 세로토닌이라는 물질이 분비된다. 그건 우리를 즐겁게 만드는 호르몬이다.

나는 우리 아이들이 어릴 때부터 자기들이 '엄마가 행복해지는 원천'이라는 사실을 잘 알기를 바랐다.

"너희가 곁에 있을 때 엄마는 가장 행복하단다."

나는 이 말을 하면서 한 번도 수줍어한 적이 없다. 당연하다. '좋아해', '정말 좋아해', 혹은 '아이 러브 유(I love you)' 같은 말을 매일 입에 달고 살았다. 전화할 때면 꼭 맨 마지막에 아이들에게 '아이 러브 유'라고 말하고, 아이들도 나에게 '아이 러브 유, 투'라고 말한다.

우리 부부는 둘 다 일을 했으므로 아이들이 외롭지 않도록 힘을 합쳐 노력했다. 나는 일하는 시간이 길고 또 불규칙해서 아이들과 함께 보낼 시간에 한계가 있었다. 그래서 시간을 절약할 수 있을 때는 가능한 한 자투리 시간이라도 만들어 보려고 애썼다. 일하지 않는 시간에는 아이들과 함께 보냈다.

물건을 살 때도 마트에 가서 사면 시간 낭비가 심하다는 생각이 들어서 물건을 집으로 배달해주는 서비스를 이용했다. 옷을 살 때도 아이들이 잠들기를 기다렸다가 인터넷으로 샀다. 미용실에 가야 할 때는 머리를 자르는 정도만 하고 드라이도 하지 않았다.

아이가 태어난 뒤로는 기본적으로 친구와 가볍게 차 한 잔을 마시거나 남편과 둘이서만 시간을 보낸 적도 없었다. 극단적으로 말해서, 화장실에 가거나 목욕하는 시간, 내가 좋아하는 음악을 듣는 한가로운 시간조차도 거의 없었다고 할 수 있다. 나는 마치 목마른 사람이 물을 찾듯 아이들과 함께하는 시간을 갈망했다.

아이들과 함께 보낼 수 있는 시간은 인생에서 한순간에 불과하다. 아이들이 유치원에 가고 학교에 들어가게 되면 하루 중 겨우 몇 시간 정도나 아이들과 보낼 수 있다. 중학생, 고등학생이 되면 그런 시간이 더 적어진다. 그래서 나는 신체와 대뇌가 급속도로 성장하는 영 · 유아기에 가능한 한 많은 시간을 아이들과 보내는 것이 무엇보다 중요하다고 생각한다.

충분한 사랑을 쏟는 일은 단지 긴 시간을 함께 보낸다고 되는 것이 아니다. 함께 보내는 시간이 짧다면 그 시간의 '농도'를 높여주면 된다.

일 때문에 아이들과 보내는 시간을 한 시간, 심지어 30분밖에

낼 수 없어도 걱정할 것 없다. 그 시간 동안 즐겁게 아이들과 스킨십을 하면서 놀고, 대화하면 된다. 만약 아이들이 마음속에서부터 '엄마와 함께 있을 때 제일 즐거워' 하고 생각한다면 그 시간이 길든 짧든 전혀 문제가 되지 않는다.

아이들은 이런 감정적인 면에 민감하므로 부모가 마음을 다해 그들과 시간을 보낸다면 사랑은 반드시 전달된다.

큰아들은 "나는 어릴 때 전혀 외롭지 않았다"고 말한다. 둘째 아들도 "엄마 아빠가 우리를 위해 많은 노력을 했다는 것을 알고 있다"고 말한다. 셋째 아들은 "단 한 번도 내가 사랑받는지 아닌지를 의심해본 적이 없다"고 말한다.

그때 나는 일과 육아로 너무 바빴고, 그 때문에 건강도 좋지 않았다. 하지만 다른 방면으로 생각하면 아이들과 접촉하고 소통하는 것이 스트레스를 푸는 가장 좋은 방법이기도 했다.

부모가 무한한 사랑을 주려고 노력한다면, 아이들은 다 느낄 수 있다.


이런 말이 있다.

"사랑받으며 자란 사람은 스스로 남을 사랑하는 데도 아무런 망설임이 없다."

남을 사랑한다는 것은 다른 사람을 사랑하는 것으로 그치지 않는다. 사랑받으며 자란 사람은 푸른 하늘, 신선한 공기, 태양, 무지개, 별, 그리고 자신이 생활하는 거리나 사회도 사랑할 수 있다. 자신의 주변에서 사랑을 느낄 수 있는 사람은 행복한 사람이다. 그리고 그런 아이는 나 아닌 타인도 배려할 줄 아는 사람으로 성장한다. 즉 아이의 자존감에도 막대한 영향을 끼친다. 자존감이 낮은 아이는 다른 친구를 마주할 때도 부정적인 시각으로 한계를 벗어나지 못하는 경우가 많다.

인생에서 감동이 많으면 고독한 시간이 줄어든다.

인간의 강함은 단지 그 능력에 있지 않다. 마음속에 얼마나 많은 사랑을 담고 있느냐에 따라 그 사람은 더 강해질 수 있다. 그런 다음에는 아무리 많은 고통과 좌절, 고난이 닥쳐오더라도 그 사람은 안정적으로 자신의 삶을 살아간다.

바로 그런 이유로 나는 수줍어하지 않고 직접적으로 사랑을 많이 표현하는 것이 중요하다고 본다. 사랑의 표현 방식은 과장될수록 더 좋다.

아이들이 '사랑받으며 성장하게' 해주자. 이것은 어느 시대나 통하는 진리다.

# 05

# 무슨 일이 있어도
# 아이가 우선임을
# 기억하라

아이의 처지에서 생각하고 행동하라.

아이가 생기면 이전처럼 생활할 수 없다. 자기가 원하는 대로 다 할 수 없어 상당한 스트레스를 느끼는 엄마들도 있다. 몸도 망가지고 산후우울증이 오기도 한다.

육아란 매일 새로운 모험을 하는 것과 같다. 처음에는 내내 잠만 자던 아이가 어느 날부터 기고 걷기 시작한다. 그러다 어느 순간 뛰어다닌다. 아이가 말을 알아듣고 말을 하는 날도 온다. 그런 다음에는 점차 자신의 의사를 표현할 수 있게 되면서 매일 새로운 요구 사항들을 제시한다. 아이의 요구 사항을 들어주려면 엄청난 노력이 든다. 그때가 되면 부모들은 아이가 없던 때와 같은 생활을 누릴 수 없다는 것이 당연하다.

예를 들어 보자. 아이가 태어난 후 부모가 맨 처음 겪게 되는 곤란한 상황은 대개 아이가 밤에 울어대는 것이다. 큰아들도 밤마다 울어댔다. 그때 나는 고집스럽게도 밤에는 반드시 잠을 자야 한다고 여겼다. 거기다 낮에는 일하느라 저녁이 되면 피곤하기 이를 데 없었다. 나는 '이 아이는 왜 얌전히 잠을 자려고 하지 않는 거지?'라고 생각했다. 그때는 너무 힘들어서 거의 울고 싶을 지경이었다.

하지만 냉정하게 생각해보자. 배 속에서 열 달을 보낸 아기가 어떻게 낮과 밤을 구분하겠는가. 비록 하늘은 어두워지지만 그렇다고 해서 곧바로 잠이 들 수는 없다. 나는 '밤에 잠을 자고 싶은 사람은 사실 나이고, 아이는 전혀 졸리지 않을 수 있다'는 사실을 깨달았다.

'그렇다면 내가 아이의 생활 리듬에 맞추자.'

그래서 밤에는 아이를 안고 외출하기로 결정했다. 바깥바람을 좀 쐬고, 흥얼흥얼 노래도 불러주었다. 그렇게 30분쯤 지나자 아이는 기분 좋게 잠이 들었다. 어쨌든 한숨 돌리고 집에 돌아와 아이를 살짝 침대에 내려놓는데, 세상에, 아이가 다시 깨어 울기 시작한다. 알고 보니 아이는 어른과 함께 자고 싶은 것이 아니라 안겨 있고 싶은 것뿐이었다.

그래서 나는 다시 생각을 바꿨다.

'아기 곁에서 자고 싶은 사람은 바로 나다. 아기는 자궁에 있던

때처럼 엄마의 체온을 느끼며 안긴 채로 자고 싶을 거야. 그렇다면 아이를 안고 자면 되겠군.'

하지만 이렇게 해서 내가 제대로 잘 수 있을까?

나는 좀 더 깊이 생각했다.

'비행기를 타고 해외에 나갈 때는 다들 앉아서도 자잖아. 나는 지금 아이를 데리고 하와이에 가는 거야. 여긴 비행기 안이야….'

그렇게 생각하면서 나는 소파에 앉았다. 아이를 안고서 눈을 감고 머릿속으로는 하와이의 아름다운 바다를 상상했다. 짭조름한 바다 내음, 철썩철썩 파도치는 소리…. 그렇게 머릿속으로 생각하는 사이에 나와 아이는 저도 모르게 잠들어 날이 밝을 때까지 푹 잠들었다.

이렇게 생각을 전환하는 법을 배운 뒤로는 아이가 밤에 울며 보채도 겁나지 않았다. 얼마 후 아이는 밤과 낮을 구분하게 되었다. 이런 노력도 아주 짧은, 몇 주 정도만 하면 되는 일이었다.

외출할 때도 아이가 시끄럽게 떠들거나 우는 상황이 종종 벌어진다.

만약 전철 안에서 아이가 울음을 터뜨릴 것 같으면 나는 얼른 아이를 안고 다른 차량으로 건너가면서 왔다 갔다 움직이거나 창밖이 잘 보이는 제일 앞자리에 앉아서 아이가 창밖을 볼 수 있게 해주었다.

대중교통을 이용할 때, 어른은 대부분 잠깐 휴식을 취한다. 하지만 어린아이는 오랫동안 같은 장소에 있으면 금세 지루해하고 답답해한다. 그래서 나는 아이와 함께 외출할 때는 아이를 의자에 가만히 앉혀놓기보다는 아이를 안아 들어 함께 바깥 경치를 구경하곤 했다. 아이가 즐거워하면 엄마도 즐겁다. 의자에 앉아서 몸을 뒤틀며 지루한 시간을 견디는 것보다는 훨씬 편안하고 좋다.

거리에서 이런 장면을 흔히 볼 수 있다. 아이가 울고 소리를 지르면서 어른에게 안아달라고 조르는 장면이다. 만약 나의 경우라면, 즉시 아이를 안아 든다.

나도 가끔은 아이가 무겁게 느껴진다. 하지만 돈을 내고 피트니스센터에 가서 웨이트 트레이닝을 하는 사람도 있지 않은가. 아이를 안아주는 것을 운동이라고 생각하면 되지 않을까. 아이도 기분이 좋아지고 나도 운동할 수 있으니 일거양득이다.

하지만 나는 곧 두 번째 아이를 낳았다. 아이를 둘 데리고 다니다 보니 괴력의 슈퍼맨이 아닌 이상 동시에 두 아이를 안아줄 수는 없었다.

나는 자주 두 아들을 공원에 데려갔다. 집에 돌아갈 때쯤 되면 피곤해진 큰아들이 나에게 조르곤 했다.

"안아줘, 엄마! 안아줘!"

하지만 나는 이미 둘째 아들을 안고 있으니 동시에 두 명을 안고서는 걸을 수가 없다. 이럴 때 나는 큰아이와 상의한다.

"얘야, 피곤하지? 엄마도 피곤해. 어떡하면 좋을까? 우리 여기서 조금 쉬었다가 갈까?"

그때는 이미 저녁 시간이 가까워진 때지만, 그런 것은 신경 쓰지 않고 잠시 쉬어 간다.

자동판매기에서 음료수를 하나 사서 벤치에 앉아 같이 마신다. 꼬치를 파는 노점에서 꼬치를 사서 먹기도 한다. 그렇게 잠시 쉬었다가 아이에게 물어보는 것이다.

"이제 걸을 수 있겠어? 엄마랑 같이 걸을까?"

아이는 고개를 끄덕인다. 그러면 나는 꼭 이렇게 대답해준다.

"고마워. 엄마도 이제 걸을 수 있는 힘이 생겼어."

그렇게 나는 아이들을 데리고 다시 집으로 향한다.

아이가 길가에서 울고불고하고 엄마는 큰 소리로 야단치거나, 아이가 제멋대로 뛰어다니다가 위험한 일이 생기는 것에 비하면 잠시 쉬어가는 시간을 쓰는 정도는 아무것도 아니다.

또 다른 예를 들어 보자. 아침에 일어난 뒤 아이들에게 제시간에 아침밥을 먹인 다음 준비를 해서 공원에 갈 생각이었다. 그런데 아이가 말을 듣지 않고 아침을 먹지도 않은 채 바로 공원에 가겠다고 떼를 썼다.

"아침밥 먹고 나서 가자, 응?"

하지만 아무리 달래도 아이는 울기만 했다. 이렇게 되면 어른들은 짜증 나기 시작한다.

'애는 왜 내 말을 안 듣는 걸까?'

이런 생각이 들면서 점점 스트레스가 커진다.

이런 상황에서도 생각을 전환하라고 권하고 싶다.

"그럼, 공원에 가서 아침밥을 먹자!"

나는 샌드위치와 주먹밥을 만들어 아이와 함께 집을 나섰다. 하지만 아이에게 '오늘은 특별히 공원에서 밥을 먹는 것'이라는 점을 분명하게 이야기해주어야 한다.

공원에서 아침밥을 먹으면 정말 특별하고 맛있을 것이다. 하루를 소풍으로 시작해 즐거운 시간을 보내는 것이다. 이런 특별한 활동을 통해 아이들은 부모의 사랑을 강하게 느낄 수 있고 또 부모를 신뢰하게 된다.


영·유아기에 아이의 신체와 대뇌는 급속히 발달한다. 영·유아기는 생각보다 짧고 금세 지나간다. 이 시기만큼은 되도록 아이와 생활 리듬을 맞춰주는 것이 좋다. 그렇게 결심하면 훨씬 마음이 편안해진다. 이전처럼 마음대로 하고 싶은 일을 하던 생활을 유지하려는 헛된 희망을 버려야 한다. 이렇게 마음의 준비를 해두면 스트레스가 자연스럽게 감소하고, 부모와 아이의 관계도 훨씬 가까워진다. 게다가 아이의 정서도 안정되고 부모도 육아를 좀 더 즐거운 일로 받아들일 수 있다.

스웨덴 전철역에는 출구로 나오는 두 가지 방법이 있다. 계단과 에스컬레이터인데 대다수 사람은 에스컬레이터를 탄다. 이 현상을 보고 '재미 이론' 기획자들은 에스컬레이터를 타는 것보다 계단을 걷는 것을 더 재미있는 일로 만들기로 했다. 방법은 간단했다. 층계별로 피아노 건반을 설치했다. 계단을 걸을 때마다 음악이 만들어지는 셈이다. 사람들은 에스컬레이터를 타는 것보다 계단을 오르내리며 달리고 춤추는 것을 더 좋아했다.

또한 '재미 이론' 기획자들은 세계에서 가장 깊숙한 쓰레기통을 공원에 만들었다. 실제로 깊이는 깊지 않지만, 스피커를 설치하여 쓰레기를 버리면 물체가 수백 피트 아래로 떨어지는 소리를 내게 했다. 재미있는 소리를 듣기 위해 사람들은 자발적으로 쓰레기를 찾아 버리기 시작했다. 이 아이디어 하나로 하루 평균 41㎏이 쌓이던 쓰레기 양을 71㎏으로 줄게 만들었다.

# 06

## 야단치지 말고
## 적절하게 칭찬하라

아이의 잘못에 너그러워져라.
그렇지 않으면 오히려 나쁜 습관이 심해진다.

내가 정말 맞는 말이라고 생각하는 좌우명이 있다.

"아이들이 칭찬받으며 성장하게 하라."

무슨 일이든 다 칭찬하라는 뜻이 아니다. 핵심은 칭찬하는 방법이 적절해야 한다는 말이다.

질책을 통해 아이의 나쁜 습관을 교정하려는 생각은 역효과를 낸다.

'벌써 몇 번이나 야단쳤는데, 아직도 똑같은 행동을 하다니! 도대체 왜 달라지지 않는 거지?'

이런 고민을 하는 부모님들이 많을 거로 생각한다.

사실상 칭찬이든 꾸중이든 다 요령이 있다.

아이는 늘 누군가 자신에게 관심을 가져주기를 바란다. 칭찬이든 꾸중이든 아이에게는 그게 다 관심으로 여겨질 수 있다. 아이가 착한 일을 했을 때 주변 사람들이 칭찬하면 그 아이는 계속해서 착한 일을 할 것이다. 그런데 나쁜 일을 해서 어른이 아이에게 신경을 쓰고 야단을 친다면 아이는 그것도 일종의 관심으로 받아들여서 그 나쁜 일을 계속한다.

나는 어릴 때 목욕을 매우 싫어했다. 어머니는 내가 지저분해 보이면 얼른 가서 목욕하라고 나무라셨고, 나를 데리고 가서 목욕시키기도 했다. 분명히 야단을 맞은 건데도 어머니가 나와 함께 목욕을 하면 너무 즐거웠다. 그래서 나는 항상 어머니가 야단칠 때까지 씻지 않고 지저분한 채로 있었다.

"어머! 오늘은 벌써 세수했구나! 귀여운 얼굴이 더 귀여워졌네."

어머니가 이렇게 칭찬하고 안아줬다면 나는 아마도 능동적으로 세수를 하고 목욕을 했을지도 모른다.

하지만 실상은 달랐다. 어머니는 몹시 바빠서 내가 지저분해져 있을 때야 비로소 나에게 주의를 돌렸고, 나는 어머니가 나를 한 번이라도 더 쳐다보게 하고 싶어서 늘 지저분한 상태로 돌아다녔다.

이런 예를 하나 더 말해보겠다. 정리정돈을 하지 않는 아이가 있다고 하자. 그 아이가 방을 잔뜩 어질러 놓았을 때야 '얼른 청소해!' 하고 야단친다면 아이의 무의식에서는 방을 어질러야 누군가가 나에게 관심을 가진다고 생각하게 된다. 꾸중을 듣는 일이 즐거운 일로 바뀌는 것이다. 이렇게 되면 장난감을 마구 늘어놓는 나쁜 습관은 고칠 수 없다.

그러나 만약 아이가 아주 조금이나마 스스로 정리정돈을 했을 때 아이를 칭찬해보자.

"정말 착하구나. 고마워."

그러면 칭찬을 받은 쾌감 때문에 아이는 '다음에도 스스로 정리정돈을 해야지' 하는 생각을 한다.

다시 말해 아이를 야단치는 일은 조금만 부주의해도 나쁜 습관을 오히려 강화하는 결과를 낳는다.

반대로 부모가 원하는 행동을 했을 때 아이를 적절하게 칭찬한다면 아이는 부단히 그 행동을 반복할 것이고, 부모가 원하는 행동을 계속할 것이다.


우리 집 셋째가 네 살 정도 되었을 때의 일이다. 그때까지 아이 혼자서 밥을 잘 먹지 못했다. 늘 여기저기 흘리거나 한꺼번에 입 안에 욱여넣곤 했다. 어떨 때는 계속 말을 하느라 입에 든 음식을 씹어야 한다는 사실을 잊어버린 것 같기도 했다. 나는 이런 습관을 고쳐 줘야겠다고 마음먹었다.

처음에는 아이를 타이르는 방법을 썼다. 하지만 아무리 타이르고 지적해도 아이의 식사 습관이 고쳐지지 않았다. 그러다가 나중에야 내가 어렸을 때 어땠는지 생각이 났다.

'그렇지! 칭찬을 해야 고쳐지는 거야!'

그때부터 나는 아이가 아주 조금이라도 밥을 깔끔하게 먹으면 열심히 칭찬했다.

"깨끗하게 잘 먹는구나. 정말 대단해!"

가끔은 아이에게 이렇게 말하기도 했다.

"지금부터 엄마랑 둘이서 영국 귀족처럼 밥 먹기 놀이를 할까?"

그런 다음 내가 새끼손가락을 치켜세우고 우아한 척 흉내를 냈다. 아이는 웃음을 터뜨리며 내 동작을 따라 했다. 이런 과정을 통해 아이는 식탁 예절을 배웠고 초등학교에 들어갈 무렵이 되자 더이상 식사 습관으로 걱정할 필요가 없었다.


한 가지 주의해야 할 점은, 칭찬할 때 절대 거짓말을 해서는 안된다는 것이다. 분명히 아이의 글씨가 예쁘지 않은데 '글씨 참 잘썼구나, 아주 보기 좋아' 같은 말을 하면 아이는 자기 자신에 대해 정확한 판단을 할 수 없다. 이런 칭찬은 아이에게 아무런 도움도

주지 못한다.

그럴 바에는 끊임없이 격려하면서 누가 봐도 아이의 글씨가 확실하게 발전했을 때까지 기다렸다가 그때 진심으로 칭찬해주는 것이 훨씬 좋다. 그렇게 할 때 칭찬이 더욱 효과적이다. 아이는 그 속에서 신뢰감을 느끼게 되고 '이 사람이 하는 말은 다 진심이다.'라는 생각을 하게 된다. 그러면 나중에 이런 칭찬의 말을 원동력으로 삼아 부단히 성장할 수 있다.

내가 가장 자주 쓰는 칭찬의 말은 이것이다.

"너다운 사람으로 살고 있어서 엄마는 정말 감사해."

이 말은 진심에서 우러난 말이다. 아이들은 누구나 다 자신만의 장점과 특별함을 갖고 있다. 아이들에게 적절한 칭찬을 하는 것은 이런 무한한 잠재력을 키우는 일이다.

# 07

# 체벌은
# 절대로 안 된다

체벌 대신 설득하라.
우리 집에서는 이것을 '설교'라고 부른다.

무슨 일이 있어도 절대 체벌해서는 안 된다. 그건 가장 저급한 교육 방식이다.

자주 체벌을 받는 아이는 힘이 센 사람이야말로 위대하고 권위 있다는 잘못된 생각을 하게 된다. 그래서 나중에 자기 뜻대로 되지 않는 상황에 처하면 무력으로 문제를 해결하려고 한다.

체벌이라는 수단은 부모가 아이보다 더 물리적으로 힘이 셀 때만 효과가 있다. 아이가 부모보다 더 힘이 세지는 순간 입장이 역전된다.

최악의 예를 들자면 언론, 뉴스 등에서 잊을 만하면 볼 수 있듯이 패륜을 저지르는 범죄자의 경우 대부분은 과거 가정폭력을 당한 경우가 많다.

절대로 아이에게 '강자가 약자를 통제한다'는 잘못된 관념을 심어주어서는 안 된다.

아이가 해서는 안 될 행동을 했을 때, 나는 아이들이 내 말을 받아들이고 인정할 때까지 긴 시간 대화한다. 우리 집에서는 그것을 '설교'라고 부른다.

우리 집의 기본 규칙은 '절대 거짓말하지 않는다'이다.

한번 거짓말을 하면 그 거짓말을 감추기 위해 계속해서 거짓말해야 한다. 그러면 부모와 자식 사이에도, 형제 사이에도 문제가 생긴다. 그래서 나는 '무슨 일이 있더라도 절대로 거짓말하지 않는다'는 규칙을 명확하게 가르쳤다. 입이 부르트게 몇 번이고 당부했다.

처음으로 큰아이가 거짓말했다는 사실을 발견한 것은 초등학교 저학년 때였다. 아이가 시험 보기 전에 열심히 한자 쓰기를 복습하던 것을 봤기 때문에 시험을 잘 봤는지 신경이 쓰였다. 내가 아이에게 "시험 결과 나왔니?"라고 물었을 때, 아이는 "아직 안 나왔어요."라고 대답했다. 하지만 나중에 나는 우연히 아이의 가방 맨 밑바닥에서 한자 시험지를 발견했다. 시험지는 잔뜩 구겨져 있었고, 점수는 70점이었다.

내가 시험지를 들고서 "왜 엄마한테 시험 결과가 나오지 않았다고 했니?"라고 묻자, 아이는 "시험을 잘 보지 못해서"라고 대답했다. 그 순간 너무나 마음이 아팠다.

아이는 내가 좋은 점수를 원한다고 생각했고, 그러니 시험을 잘 봐야 한다고 여겼다. 아이는 아마도 시험을 잘 보지 못했다는 것을 몰라야 엄마가 자기를 계속해서 '착한 아이'로 생각할 거로 믿었던 듯하다.

하지만 사실상 아이의 시험 점수가 몇 점이든지 나의 사랑은 달라지지 않는다. 실망하지도 화내지도 않을 것이다. 하지만 나의 이런 생각이 아이에게 온전하게 전달되지 못했다는 것을 알았다.

그래서 나는 아이를 꼭 안아주면서 물었다.

"엄마는 늘 너를 사랑해. 너에 대한 엄마의 사랑을 왜 믿지 않아?"

아이는 처음에 어찌할 바를 모르겠다는 표정을 지었다. 내가 무슨 말을 하는지 잘 이해하지 못하는 듯했다.

나는 곧바로 '설교'를 시작했다.

"엄마는 정말로 너를 사랑한단다. 알겠니?"

네가 어떤 아이더라도 엄마는 너를 좋아하고, 그렇기 때문에 너는 너 자신의 어떤 모습도 감출 필요가 없단다. 엄마의 사랑을 믿어주렴. 한 가지 거짓말을 감추려면 두 번째 거짓말을 또 해야 해. 그렇게 계속해 나가면 엄마와 너의 마음이 점점 멀어질 거야….

우리는 아주 긴 시간 동안 대화를 나눴다. 대화하는 중간중간

껴안고, 울고, 심지어 잠시 쉬면서 음식을 먹고 화장실에 다녀왔다. 그렇게 우리는 여덟 시간 동안 대화했다.

마지막으로, 나는 아이에게 말했다.

"지금까지 엄마에게 했던 거짓말을 전부 적어줘."

그래서 아이는 연필을 꺼내 하나하나 거짓말을 적어나갔다. 그 글씨가 얼마나 귀여웠는지 모른다. '숙제 내는 것을 깜빡 잊었어요.', '도시락을 학교에 놓고 왔어요.' 등등. 모두 사소하기 이를 데 없는 일들이었다. 우리 둘은 거짓말 목록을 함께 읽으면서 웃음을 터뜨렸다.

그날 이후 큰아들은 다시는 나에게 무엇도 숨기지 않았다. 엄마의 사랑은 어떤 일이 벌어져도 변하거나 사라지지 않는다는 것을 깨달았기 때문일 것이다. 어쩌면 또 엄마가 여덟 시간씩이나 이야기를 할까 봐 걱정스러웠을지도 모르겠다.

비슷한 사건은 둘째 아들과 막내아들에게도 생겼다. 그들은 각각 나에게 '기나긴' 설교를 들었다. 웃음과 눈물로 가득한 시간이었다. 이런 설교의 시간을 겪은 뒤로 나와 아이들 사이의 사랑은 더욱 깊고 두터워졌다. 나도 아이들도 그런 과정을 통해 한층 더 성장했다.

아이들과 제대로 소통하고, 아이들이 마음속 깊은 곳에서부터 이해하고 받아들이도록 가르쳐야 한다. 그래야 아이의 기억 속에 그 가르침이 오래 남고 잊히지 않는다.

체벌이나 나무람은 아이들이 잠시 동안 부모에게 미안한 마음이 들게 한다. 하지만 시간이 지나면 대부분 상황이 반복되고, 아이들은 같은 잘못을 또 저지른다. 아이가 마음속 깊이 부모의 교육을 받아들이지 못했다는 증거다.

오랜 시간을 들여서라도 아이들과 깊이 있게, 확실하게 이야기를 나누고 소통해야 한다. 제대로 설명하면 아이들은 반드시 이해할 수 있다. 나는 이 사실을 굳게 믿는다. 충분히 시간을 들여 자세하고 구체적으로 설명하는 것이야말로 진정한 모성애이자 교육이다.

# 08

# 친구 같은
# 부모 될 생각은
# 버려라

부모에게 존경심과 감사한 마음이 없는 아이는
절대로 타인의 신뢰를 얻지 못한다.

아이와 아무리 사이가 좋더라도 나는 부모와 자식 사이가 친구
와 같을 수는 없다고 생각한다.

부모는 부모이고, 자식은 자식이다. 나는 자식이 부모에게 존
경심을 가져야 한다고 생각한다. 부모는 마땅히 부모다워야 하고,
자식이 보기에 부끄럽지 않은 삶을 살며 진지한 삶의 태도를 자식
에게 보여줘야 한다.

물론, 부모가 모든 일에서 다 옳을 수는 없다. 하지만 부모가
항상 최선을 다해 노력했으며, 가족을 보호하려 했다는 사실을 아
이들이 알고 있기를 바란다. 아이들은 만약 갑작스러운 문제에 맞
닥뜨린다면 부모에게 의지하기를 바란다. 아이들이 '부모님이 반
드시 나를 보호해줄 거야, 나에게 올바른 방향을 알려줄 거야.'라

는 믿음을 갖기를 바란다.

나는 이런 생각을 갖고 매일 올바른 태도로 하루하루를 보내려 했다.

비록 아이들이 숭배하는 부모가 되지는 못하더라도 적어도 아이들이 신뢰하고 의지하는 부모가 되어야 한다. 그렇게 하려고 매일 노력했다.


우리 집은 부모를 대하는 태도나 생활 예절이 비교적 엄격한 가정이라고 할 수 있다.

말하는 방식을 예로 들어보자. '싫어!', '미워!', '시끄러워!' 같은 실례되는 말은 부모뿐 아니라 자기보다 나이가 많은 사람에게는 절대 해서는 안 된다. 그건 우리 집의 절대적인 규칙이다. 우리 집에서는 다른 사람에게 상처를 주는 말은 엄격히 금지되어 있다.

한번은 공항에서 이런 일이 있었다. 내 앞에 한 모녀가 서 있었다. 열 몇 살 되어 보이는 소녀는 갑자기 자기 어머니에게 이렇게 말했다.

"시끄러워 죽겠네! 나가 죽어, 할망구!"

그 어머니는 아무 말도 하지 않았다. 대신 내가 너무 놀라서 말문이 막혔다.

그런 다음 나도 모르게 소녀에게 "어머니에게 그런 말 하면 못

써!"라고 말했다. 모녀 두 사람은 의아한 표정으로 나를 쳐다봤다. 하지만 나는 도저히 참을 수가 없었다. 그날 저녁, 아이들에게 그 일을 이야기하면서 이렇게 말했다.

"만약 너희들이 엄마에게 그런 말을 한다면, 엄마는 당장 혀를 깨물고 죽어버릴 거야! 머리로 생각을 거치지 않고 다른 사람을 상처 주는 말을 내뱉는 건 정말 나쁜 일이란다."

그러면서 부모에게 아무런 존경심도 감사함도 느끼지 않는 자식은 다른 사람의 신뢰를 받지 못한다고 가르쳤다.

최근 부모와 자신이 대등한 관계라고 오해하는 아이들이 점점 많아지고 있다. 게다가 중요한 순간에 아이들을 잘 가르치지 못하는 부모들도 늘어났다. '친구 같은 부모와 자식 관계'라는 것에 대해 나는 늘 의문을 품고 있다. 특히 자식이 부모를 대하는 태도가 나쁠 때 부모들은 겉으로는 아무렇지 않은 척하지만, 사실은 무척 가슴 아파한다.

미국에서는 자식이 부모의 이름을 직접 부른다. 그래서 부모와 자식 사이가 솔직하고 평등하다고 느끼기 쉽다. 하지만 사실 알고 보면 미국에서도 부모는 엄격한 권위를 가진다.

영어 문법에도 상하 관계를 표현하는 용법이 있다. '내 어머니는 ○○을 하신다'라는 문장을 보자. 만약 주어가 자신의 어머니라면 반드시 '내 어머니'라고 표현해야 한다. 그렇지 않고 '그녀 (She)'라고 표현한다면 그것은 어법상의 오류이다. 동시에 아주 실례되는 표현이며 이상한 말투라고 여겨진다. 아버지, 할아버지, 할머니에 대해 말할 때도 마찬가지다.

세계의 어느 나라나 마찬가지다. 부모는 존엄한 대상이다. 자신을 낳아 기르는 부모에 대한 감사하는 마음이 없는 오만한 자식은 다른 사람들에게 '몹쓸 놈'으로 여겨질 뿐이다.

부모와 자식 관계가 친근한 것은 전혀 문제가 아니지만, 자식의 예의 없는 태도를 친밀한 관계라고 오해하게 해서는 안 된다. 어른에 대한 예의를 갖추고, 늘 감사하는 마음을 가진 사람이 되도록 자식을 길러내야 한다.

# 스탠퍼드 등 세계 명문대에
# 진학한 학생들의 공부 습관

**01** 수업 중 필기보다는 선생님 강의에 집중한다. 수업 중이나 수업 후 모르는 것이 있다면 질문하여 반드시 이해한다.

**02** 수학(과학)은 꾸준한 선행학습이 중요하다. 경시대회나 올림피아드에 참가해 자신의 실력을 확인하고 업그레이드한다.

**03** 자투리 시간, 즉 등하교 시간이나 쉬는 시간을 적극적으로 활용한다.

**04** 상위권 친구들과 함께 심화학습을 한다. 공부로 경쟁하는 친구가 있다면 성적 향상에 큰 자극이 된다.

**05** 한 과목을 20분 이상 붙들고 있지 않는다. 수학을 20분간 공부했다면 국어를 20분간 공부해 좌뇌와 우뇌 활동의 균형을 맞춰야 한다.

**06** 꼬리에 꼬리를 무는 지식 확장법과 포토그래픽 메모리 공부법을 활용한다.

**07** 학습 페이스를 잃지 않는다. 뚜렷하고 확고한 자신만의 공부 철학을 유지한다.

**08** 미래 목표는 아주 세밀하게 계획한다. 목표를 구체적으로 설정하는 것은 공부뿐 아니라, 인생의 방향도 결정짓게 하기 때문이다.

**09** 매일 일정한 시간에 일정한 장소에서 정해진 학습량을 꾸준히 공부한다.

**10** 마인드맵을 이용한다. 공부한 주제에 대한 핵심어를 마인드맵의 중앙에 놓고, 소제목들을 가지로, 본문 내용을 잔가지로 표기한다.

# Chapter 2

# 교육 엄마:
# 11가지 교육 목표

## 아이가 갖춰야 할 소양

50 Education Methods from a Mother
Who Put 3 Sons into Stanford University

# 09

# 꿈을 가져라

아이들의 일은 꿈을 꾸는 것이고,
교육이란 꿈을 꿀 수 있도록 가르치는 것이다.


나는 늘 아이들에게 이렇게 말했다.

"어린이들의 유일한 일은 바로 꿈을 꾸는 거야."

"너희는 엄마 아빠가 생각지도 못한 위대한 꿈을 가졌으면 좋겠어."

부모가 생각해낼 수 있는 꿈은 어른의 유한한 사고 범위 내에 있다. 그러나 나는 아들들이 내가 생각하는 것보다 더 크고 미래지향적인 꿈을 갖기를 원했다. 다른 누구도 상상할 수 없었던 꿈을 말이다.

아이들이 꿈을 가지면 부모들은 그 꿈을 뒷받침해주기 위해 더욱 노력하게 된다. 그러다 보면 사회가 더욱 활기를 띤다. 반대로 아이들이 꿈을 꾸지 않는 사회는 더 이상 발전하지 못하고 정체된다. 인류의 발전도 거기서 멈추고 말 것이다.

교육이란 아이들에게 꿈을 꾸도록 가르치는 일이다. 세상에 얼마나 많은 가능성이 있는지 말해주고, 꿈을 이루기 위해 필요한 도구와 지식을 알려주며, 꿈을 향해 나아갈 수 있는 용기를 북돋는 과정이다. 그리고 실패하더라도 다시 일어날 수 있는 패기, 목표를 달성했을 때는 겸손할 줄 아는 마음가짐을 가르치는 과정이다. 희망을 잃지 않는다면 역경 속에서도 최고의 기회를 맞이할 수 있다. 그리고 아이들이 더 큰 꿈을 가지려면 남들이 하지 않은 것을 개척할 수 있도록 부모가 도와줘야 한다. 이것이 바로 진정한 교육이다.

그래서 나는 늘 우리 아이들이 커다란 꿈을 갖기를 바랐고, 그 꿈을 이루기 위해 현실적이고 구체적으로 노력하기를 바랐다. 그렇게 하면 비록 꿈을 100% 완벽하게 실현하지 못하더라도, 어느 순간 자신이 꿈의 실현에 가까워져 있다는 것을 알게 된다. 그러면 또다시 꿈을 향해 달릴 수 있다. 이런 생활 태도는 그 사람의 인생을 풍부하게 만들 것이 틀림없다.


내 친구 가운데 일반적으로 봐서는 불가능하다고 여겨지는 꿈을 꾸던 친구가 있었다.

그 친구의 목표는 경마 경기에 나가는 여성 기수가 되는 것이었다. 그때까지만 해도 여성은 직업 기수가 될 수 없었다. 게다가 그녀는 연습 중에 낙마하여 부상했고, 결국 더는 말을 탈 수 없게 됐다. 하지만 그녀는 경마 기수를 가르치는 일로 진로를 바꿔 자신이 가르친 학생 중에서 최초의 여성 경마 기수가 배출됐다. 내 친구의 꿈이 결국에는 경마의 역사를 새로 쓴 것이다.

또 다른 친구는 여성이지만, 외모가 중성적이었다. 그는 남자 배우로 활동하기를 갈망했는데, 그 꿈을 이루지는 못했다. 그러나 포기하지 않고 계속 노력하여 유명한 DJ가 되었고 많은 팬을 거느린 홍콩 최초의 트랜스젠더 연예인이 되었다. 그 후, 텔레비전 방송국에서 자신의 고정 프로그램으로 한 시대를 풍미할 만큼 크게 활약했다.

이들은 자신이 맨 처음 가졌던 꿈을 100% 이루지는 못했다. 하지만 사회적 의식과 상식의 벽을 넘어 자신의 위치를 단단히 구축했다. 꿈이 아무리 멀고 아무리 이루기 어려워 보여도 그들은 쉼 없이 꿈을 향해 달렸다.


어쩌면 이런 말을 하면 웃을지도 모르겠지만, 나의 꿈은 노래를 통해 세계 평화에 조금이라도 공헌하는 것이었다. 내가 열일곱 살 때 멀리 일본으로 온 것도, 중국이나 아시아 각지를 돌면서 순회 콘서트를 한 것도 다 나의 노래로 일본과 아시아의 여러 나라 사이에 우정의 다리를 놓는 데 도움이 되고 싶었기 때문이었다. 유엔아동기금(유니세프)의 홍보대사로 활동하는 목적도 마찬가지로 세계 평화에 이바지하기 위함이다. 물론 현실적으로 나는 아직도 꿈을 실현하기 위해 달리는 중이다. 나는 쉽게 포기하지는 않을 것이다. 내가 포기하지만 않으면 꿈은 평생 노력하고 추구할 수 있다.

나는 아이들이 어떠한 제한도 없이, 세상 사람들이 깜짝 놀랄 만큼 위대한 꿈을 꾸기를 바란다. 그리고 아이들의 엄마로서, 나는 그들이 그 꿈을 계속 꿀 수 있도록 교육하고 또 도울 것이다. 교육의 핵심은 바로 아이들이 꿈을 꿀 수 있게 해주고, 꿈을 실현하기 위해 노력하도록 재촉하는 것이다.

# 10

# 자기 자신을
# 긍정하라

아이와 다른 사람을 비교하지 마라.

교육의 가장 큰 목적은 '자아 긍정'이다. 나는 아동심리학과 교육학을 공부하는 과정에서 자아 긍정이 아동교육에서 절대 빠질 수 없는 핵심 키워드임을 알게 됐다. 왜 자아 긍정이 이토록 중요할까?

나 자신을 인정하는 마음이 인격 형성의 기초이기 때문이다. 자기 자신조차 좋아하지 못하면서 어떻게 타인을 좋아할 수 있을까? 자기 자신을 부정하는 아이는 타인도 부정하게 된다.

그렇다면 어떻게 해야 아이가 자기 자신을 긍정하는 것을 배울 수 있을까? 우선 가장 중요한 것이 '다른 사람과 비교하지 않는 것'이다.

나의 세 아들은 각자 개성이 있고 서로 다른 장점이 있다. 큰아들은 진지하고 정의감이 강하다. 둘째는 예술적 소질이 있고 감성이 풍부하다. 셋째는 사교적이고 소통 능력이 뛰어나다. 그래서 나는 아이들 각자의 장점을 키우는 데 집중했다. '형을 보고 좀 배워라' 같은 말은 단 한 번도 한 적이 없다.

완벽한 인간은 없다. 장점이 있으면 단점도 있다. 부모가 자신의 아이와 다른 형제 혹은 다른 집 아이와 비교하면 그 아이의 진실한 모습을 부정하는 것이다. 그러면 아이가 자아 긍정 인식을 갖기 무척 어렵다.


남편은 입버릇처럼 아이들에게 이런 말을 하곤 한다.

"다른 사람은 다른 사람이고, 자신은 자신이다. 100명의 사람이 너희와 의견이 다르더라도 당당하게 네가 옳다고 생각하는 의견을 말해야 한다."

나도 아이들에게 그렇게 가르쳤다.

"다른 사람과 다르다고 해서 나쁜 것은 아니다. 오히려 어떻게 생각하면 '차이'란 신의 선물일지도 모른다."

평소 이런 생각을 아이들에게 불어넣었기 때문에 아이들은 자연스럽게 '다른 사람에게 억지로 맞추지 말고 나 자신답게 살면 된다'고 생각하게 되었다.

물론, 사회적 규칙이나 단체 생활의 규칙은 반드시 지켜야 한다. 다만 '다른 사람이 내 생각과 생활 방식을 속박하도록 내버려 두지 말자', '자유롭게 상상하고 내가 말하고 싶은 것을 말할 수 있으면 된다', '주변 사람들도 나의 이런 생각을 이해할 것이다'라는 생각을 유지할 수 있다면 아이들은 훨씬 자신감을 갖게 되고 진실한 자기 자신을 좋아할 수 있다. 즉 자기 자신이 가치 있다는 사실을 분명하게 인식하게 된다.

이렇게 자기 자신을 긍정하는 법을 배우면 부단히 자신의 장점을 향상시킬 수 있을 뿐 아니라, 나아가 단점도 받아들일 수 있으므로 더욱 적극적으로 단점을 고치게 된다.

반대로 자아를 긍정하지 못하는 아이는 자신을 좋아하지 못한다. 그래서 늘 초조하고 쉽게 화를 내며 인간관계에 어려움을 겪는다. 어떤 일을 처리할 때도 적극적으로 나서지 못한다. 결국 학업 성적에도 나쁜 영향을 미친다.

집에서는 비교당하지 않는다고 하더라도 바깥에서 다른 사람과 비교당해 아이가 자존감을 다치는 일은 언제든 벌어질 수 있다. 그런 일이 생겼을 때 부모는 아이에게 자신감을 다시 북돋아 줘야 한다.

큰아들이 초등학교에 막 입학했을 때, 하루는 나에게 이렇게 말했다.

"엄마, 나는 못생겼어요?"

나는 깜짝 놀라서 아이에게 물었다.

"누가 그런 말을 했어?"

"학교의 여자아이가…."

나는 큰아들을 꼭 안아주었다.

"엄마를 봐. 엄마 예뻐?"

아들은 고개를 끄덕였다.

"엄마는 예뻐요."

나는 끌어안았던 아들을 놓아주고서 내가 어릴 때의 사진을 꺼냈다.

"이거 봐, 엄마가 어렸을 때 모습이야. 너랑 많이 닮았지?"

"어! 정말 닮았어요!"

"그렇다면 엄마를 닮은 너는 예쁠까, 예쁘지 않을까?"

아들은 크게 웃음을 터뜨렸다.

"예뻐요!"

나는 손으로 아이의 얼굴을 쓰다듬고 아이의 눈을 들여다보면서 말해줬다.

"예쁜가, 안 예쁜가 하는 것은 겉모습을 보는 거야. 중요한 것은 마음이 아름다운 거지. 너는 마음이 정말 예뻐, 진짜 예뻐! 그러니까 친구들도 곧 그걸 알아볼 거야."

아들은 고개를 끄덕였다. 얼굴에 커다란 미소가 걸려 있었다.

"알았어요, 엄마!"

다른 사람과 비교하지 말라는 말을 정확하게 표현하면 아이의 가장 진실한 모습을 인정하라는 뜻이다. 공부를 잘하든 못하든, 운동을 잘하든 못하든 아무 상관없다. 그래서 '○○를 잘하면 엄마가 상을 줄게' 같은 '조건부' 사랑은 절대로 내걸어서는 안 된다. 그렇게 하면 아이들은 '만약 ○○를 잘하지 못하면 나는 아무 가치도 없어'라고 생각하게 된다. 이런 일들이 아이에게 자신감을 사라지게 하고, 조건이나 보상이 없으면 노력하지 않는 나쁜 습관을 형성하게 한다.

'해내야만 착한 아이다'가 아니라 '해내지 못했더라도 노력했다면 착한 아이다.' 아이들에게 가장 큰 상은 주변 사람들의 사랑과 관심이다. 아이들의 가치는 그들이 무엇을 하거나 하지 않거나 전혀 달라지지 않는다.

# 11

## 마음가짐을 편안하고
## 느긋하게 가져라

마음이 느긋한 아이는 다른 사람을 배려하고
자신을 중시할 줄 안다.

자존감이 높은 아이는 마음이 편안하고 느긋하다.

마음이 편안하고 느긋하면 주변에 자신보다 뛰어난 사람이 나타나도 진심으로 감탄한다.

"와, 정말 대단해! 저 친구 무척 잘하네."

다른 사람의 즐거움을 자신의 즐거움처럼 여기고 다른 사람과 함께 즐거움을 나누는 아이로 자라는 것이다. 게다가 '다른 사람은 다른 사람이고, 나는 나'라는 생각을 확고하게 하고 있으면 자기보다 뛰어난 사람이 있더라도 그 사람을 질투하거나 자신을 부끄러워하지 않는다. 공부든 운동이든 놀이든 솔직하게 다른 사람에게 도움을 청할 수 있다.

"나도 잘하고 싶어. 어떻게 하는지 가르쳐 줘."

반대로 자존감이 낮고 자아 긍정이 형성되지 않은 아이는 다른 사람 역시 긍정하지 못한다.

이런 아이는 자신보다 뛰어난 사람을 만나면 '너무 부러워.', '왜 항상 쟤가 1등이야?' 같은 불쾌감을 느끼고 질투심을 갖는다. 더욱 극단적으로 '저 녀석의 의기양양한 꼴이 보기 싫어. 꼭 혼쭐을 내줘야지.' 하는 공격적인 정서를 보이기도 한다.

자기보다 뛰어나지 않은, 즉 자기보다 약한 친구를 만났을 때도 마찬가지다. 자존감이 높고 마음이 느긋한 아이는 그 친구에게 관심과 배려를 보인다. 그래서 자기보다 약한 친구를 만나면 자연히 '내가 도와줘야지' 하는 마음이 생긴다.

하지만 마음이 느긋하고 침착하지 못한 아이는 자기보다 약한 친구를 차별하는 마음을 먹기 쉽다. 예를 들어 '아, 이 녀석은 나보다 못하구나. 이런 애와는 놀지 말아야지' 하는 생각을 하게 된다. 더 심각한 것은 '이렇게 약하다니, 내가 좀 괴롭혀도 아무 말 못 하겠지.' 라고 생각해 다른 사람을 괴롭히고 배척하는 일이다. 그래서 타인이 난처하거나 힘든 상황에 처한 모습을 보면서 자신이 우월하다는 쾌감을 느끼는 것이다.

그러나 이런 우월감은 절대 오래갈 수 없다. 그래서 똑같은 쾌감을 느끼려고 계속해서 다른 사람을 괴롭히는 정도가 심해진다. 그러다 보면 아이는 어느 순간 선악을 구별하지 못하는 지경에 이르기도 한다. 자기 자신이 나쁜 짓을 하더라도 전혀 죄책감을 느끼지 못하고 진심 어린 사과도 할 줄 모르며 온갖 핑계를 대면서 책임을 회피한다. 이런 상황이 반복되다 보면 아이는 항상 뭔가 결핍되어 있고 불공평하며 불만족스럽다고 느끼게 된다. 이처럼 자아를 긍정하지 못하는 아이는 평소에 차근차근 노력하려고 하는 적극적인 자세가 무엇인지 잘 알지 못한다.

나는 아이들의 자존감을 높여주고 침착하고 느긋한 마음을 갖게 하려고 늘 이렇게 당부하곤 했다.

"나답게 행동하면 되는 거야. 나 자신을 믿어야 해. 너희들의 잠재력은 무궁무진하단다. 우리 함께 자기 자신의 장점을 찾아서 개발해보자."

그리고 이렇게 덧붙였다.

"다른 사람에게 잘 대해줘야 해. 나를 지키고 싶다면, 다른 사람도 지켜야 하는 거야."

이런 말은 별로 특별할 것도 없다. 숨 쉬는 것처럼 자연스럽게, 평소에 반복적으로 이야기한다. 어쩌면 나의 이런 '잔소리' 때문인지 세 아들은 모두 다른 사람을 시기하거나 차별하는 법이 없었고, 모두 자신감 넘치고 성실한 사람으로 성장했다.

둘째 아들이 초등학교 5학년 때 일이다.

"엄마, 친구가 학교에서 온종일 울었어요. 그래서 내가 그 아이를 데려왔어요."

아들은 가정의 문제 때문에 집에 가지 못하는 여학생을 우리 집으로 데려왔다. 그러면서 나에게 이렇게 제안하기까지 했다.

"친구는 갈 데가 없는데, 우리 집에서 살면 안 될까요?"

나중에 알고 보니 그 아이는 학교에서 선생님께도 도움을 청했지만 거절당했고, 엄마와 연락도 되지 않아서 어찌할 바를 모르던 상황이었다. 둘째 아들은 여자아이가 혼자서 울고 있는 것을 보고는 자진해서 다가가 말을 걸었다. 나는 아들의 이런 따뜻한 마음씨에 크게 감동했다. 그래서 그 여자아이를 우리 집에서 2주 정도 재웠다. 그 가정의 문제가 해결될 때까지 말이다. 둘째 아들이 그 아이를 위로해주는 모습을 보면서 나는 내 아들이지만 참으로 대단하다고 생각했다.

다른 사람을 배려하고 내면이 충만하며 느긋한 아이로 키우려면 자존감 교육은 반드시 필요하다.

# 12

## 자신의 재능을
## 키워라

아이의 잠재력을 헛되게 하지 마라.

나는 누구에게든 타고난 재능이 있다고 생각한다. 그렇다면 왜 어떤 사람은 재능을 충분히 발전시키고 또 어떤 사람은 평생 재능을 발휘할 기회가 없는 걸까? 그 차이는 자아 긍정 능력에 달렸다.

자아 긍정 능력이 있는 아이는 천진하고 단순하게 자신의 장점을 드러낸다. 그러면 주변 사람들도 쉽게 아이의 재능을 발견하고 잠재력을 개발할 기회가 생긴다. 아이의 재능과 잠재력을 발견하려면 우선 부모가 자세히 자신의 아이를 관찰해야만 한다. 게다가 중요한 것은 아이가 무슨 일을 하건 흥미진진하게 생각해야 한다는 점이다. 주변 환경이 아이의 행동에 대해 긍정하고 격려한다면 아이는 점점 더 자신감이 생겨서 자신을 더 많이 표현한다. 이런 일을 통해 아이의 개성과 재능을 확실하게 키워줄 수 있다.

한편, 자신감을 잃은 아이는 자신의 장점을 바깥으로 드러내지 않으려 한다.

'이런 말을 하면 누군가 비웃지 않을까?'

'다른 사람과 비교당하지 않을까?'

이런 걱정을 하기 때문이다. 점점 아이는 자신의 장점을 잊거나 포기하게 된다.

아이가 숨겨진 재능을 외부 세계에 표현할 수 있도록 도와줘야 한다. 그래야 사람들이 그 재능을 발견할 수 있다. 누구도 알아차리지 못하면 재능과 잠재력은 마치 원래부터 없었던 것처럼 완전히 사라지고 만다. 얼마나 안타까운 일인가.

어쨌든 나는 매우 진지하게 내 아이들을 관찰했다. 그들이 어떤 일에 아주 조금이라도 흥미를 보이면 나는 그 행동을 적극적으로 격려했다.

큰아이가 처음으로 요리에 관심을 보인 것은 세 살 때였다. 나는 아이를 부엌으로 데려가서 아이들이 쓸 수 있게 만들어진 어린이 전용 칼을 쥐여주고 어떻게 요리하는지 가르쳐줬다. 처음에는 의자를 조리대 앞에 놓고 그 위에 서서 채소를 썰게 했다. 시간이 좀 지나자 함께 달걀을 부치고, 파이를 만들고, 만두를 빚게 되었다. 큰아이가 뭔가 하고 싶다고 하면 못 하게는 절대로 하지 않앉다. 아이가 마음 놓고 자기 뜻대로 하고 싶은 일을 할 수 있도록 환경을 조성해주었다.

큰아이는 낚시놀이를 무척 좋아했다. 침대를 배라고 상상하면서 침대 머리에 서서 침대 바깥으로 실을 길게 늘어뜨린다. 그런 다음 미끼를 문 물고기를 낚아 올리는 시늉을 하는 것이다.

"잡았다! 잡았어!"

아이가 외치면, 나도 옆에서 장단을 맞춘다.

"무슨 물고기를 잡았어?"

도미, 갈치, 문어 등 다양한 물고기 이름이 등장한다.

"그럼 물고기를 어떻게 요리해서 먹을까?"

구워서 먹자, 찐 다음에 간장을 뿌리자 등등 아이는 늘 여러 가지 재미있는 조리법을 내놓는다.

"좋아, 그럼 오늘 저녁에는 네가 말한 대로 생선 요리를 먹자!"

그리고 정말로 우리는 둘이서 생선 요리를 만든다. 아이는 내 옆에서 이렇게 저렇게 요리하자며 끊임없이 의견을 내놓는다.

아이에게 흥미를 북돋아주기 시작하면 아이가 흥미를 보이는 지점이 점점 넓어진다. 큰아이는 다섯 살이 되자 어류 도감을 전부 읽고서 꼬마 '물고기 박사'가 되었다. 나중에 초등학교에 들어가서는 남편이 큰아이에게 어떻게 물고기를 잡아서 다듬는지를 알려주기도 했다.

지금 큰아이는 나보다도 실력이 뛰어난 요리 애호가가 되었다.

이처럼 운동이든, 취미든, 어떤 종류든, 어떤 영역이든 상관없이 아이가 자신의 관심을 발전시키고 자신이 좋아하는 일을 자유롭게 표현하고 실천할 수 있게 해줘야 한다. 아이들은 자신이 좋아하는 일을 할 때 가장 활력이 넘친다. 아이 스스로 좋아하고 잘하는 영역을 찾도록 돕고, 잠재력을 북돋아 주는 일은 결국 뛰어난 학업 성적으로도 연결된다. 아이의 잠재력을 발견하는 시작은 작은 관심에서 시작한다.

아이들이 어릴 때부터 나는 그들이 관심을 보이는 대상을 주의 깊게 관찰했다. 아이들이 흥미를 보이면, 나는 아이들과 함께 더 많은 자료를 찾아 깊이 연구하는 활동을 하곤 했다. 나는 주로 아이들에게 지금 관심이 있는 일을 직업으로 삼으면 어떨지 상상해 보라고 격려했다. 취미가 직업이 되었을 때 자신의 생활이 어떤 모습일지 구체적으로 떠올려 보라고 유도한 것이다.

아이들은 그러면서 자신의 취미와 관심이 진정한 인생의 목표가 될 만한지를 따져보게 된다.

상상력을 최대한 활용해서 미래의 자신을 그려보게 하면 아이들이 구체적인 목표를 찾는 데 큰 도움을 준다. 목표가 생긴 뒤에는 아이들이 알아서 저마다 꿈을 향해 달려갈 수 있다.

# 13

## 나를 잊고 몰입하라

자신의 행동이 다른 사람에게 도움이 된다는
확실한 믿음이 있을 때 자아 긍정 능력이 회복된다.


대부분의 아이는 부모에게 받는 사랑을 통해 자신감을 얻는다. 그러나 어떤 원인 때문에 종종 아이의 자존감이 아주 약해질 때도 있다. 그렇다고 해도 포기해서는 안 된다. 자아 긍정 능력은 회복할 수 있는 능력이기 때문이다.

실제로 나 역시 자아 긍정 능력이 부족한 아이였다.

우리 집에는 여섯 형제자매가 있었고, 나는 그중 넷째였다. 여자 형제 중에서는 가장 막내였다. 나는 아주 어렸을 때부터 어른들이 예쁜 언니, 공부 잘하는 언니와 비교하는 대상이었다. 그래서 나는 줄곧 '나에게는 장점이 없어.'라고 생각했고, '나는 정말 불쌍한 아이야.'라는 생각으로 고민하곤 했다.

게다가 어머니는 주변 사람들에게 종종 이런 말로 사과하셨다.

"제가 이 아이를 임신했을 때가 저희 가족이 가장 가난했을 때지요. 그래서 이 아이에게 부족한 점이 많은 것 같아요."

어머니가 그렇게 말씀하실 때마다 나는 나 자신을 '불량품'이라고 여겼다. 그래서 성격이 점점 더 우울해졌다.

어릴 적 나는 아무런 자신감도 없이 자존감 낮은 아이였다.

전환점은 중학교 1학년 때 갑자기 찾아왔다. 당시 나는 막 자원봉사 활동을 시작했다. 자원봉사를 하면서 나는 아주 다양한 가정환경을 가진 친구들을 만나게 됐다. 그들 가운데 신체적 장애가 있는 아이도 있었고, 난민으로 외국에서 건너온 아이도 있었다. 보육원(고아원) 같은 아동보호시설에서 생활하는 아이도 있었다. 나와 비슷한 또래의 아이들인데, 내가 예전에는 상상할 수도 없었던 고통스럽고 힘든 환경에서 살고 있었다. 그들을 보면서 나는 나 자신은 얼마나 훌륭한 조건에서 성장했는지를 처음으로 인식하게 됐다. 순식간에 나 자신의 고민은 아무것도 아닌 것처럼 느껴졌다.

나는 그들이 조금이라도 기쁨을 되찾기를 바라는 마음으로 온 힘을 다해 그들과 대화를 나누고 그들을 격려하려 애썼다. 노래 부르는 것을 좋아했던 나는 학교에서 점심시간에 친구들에게 노래를 불러주는 대신 작은 간식거리를 받았고, 그걸 모아서 내가 자원봉사 하는 곳의 아이들에게 전달했다.

그 뒤 나는 스스로 훨씬 명랑해지고 활동력이 생겼다는 것을 알았다. 친구도 많아졌고 성격도 적극적으로 변했다. 나중에는 자원봉사 활동의 일환으로 다른 학교를 찾아가서 노래를 불렀고, 그 일이 화제가 되어 열네 살에 홍콩의 음반사에 발굴돼 가수로 데뷔하게 됐다. 나 자신의 입장에서 보자면, 드디어 나만의 훌륭한 장점이 생긴 것이었다.

그렇다면 나는 어떻게 자존감을 회복하고 나 자신을 신뢰하게 되었을까?

분명히 나 자신을 잊었기 때문이다.

내 눈앞의 저 아이들이 나의 고민보다 훨씬 중요하고 급하다고 느꼈다. 그래서 나 자신을 잊고서 자원봉사 활동에 참여했고, 나 자신의 자기비하 같은 부정적 감정도 모두 다 잊게 된 것이다. 그래서 더 이상 다른 사람의 시선을 신경 쓰지 않고 자아를 표현하고 내면 깊은 곳에 숨겨져 있던 장점을 발휘할 수 있었다.

그래서 나는 자녀들에게 '마음속의 에너지를 바깥으로 드러내라.', '나 자신을 걱정하기보다 주변 사람들을 배려하고 생각해라. 가족이나 친구같이 가까운 사람만이 아니라 이 사회와 세상 전부를 포함해서 말이다.'라고 가르쳤다.

아이들이 어릴 때부터 나는 세 아들을 데리고 유엔아동기금의 거리 모금행사에 참여했다. 중학교 때는 지역사회에서 주최하는 자원봉사 활동에도 참여하게 했다. 아이들이 고등학교에 다닐 때부터는 여름방학을 이용해 캄보디아, 태국에 가서 자원봉사를 하도록 권했다. 동일본 대지진 때도 같이 피해 지역에 가서 봉사활동을 했다.

나와 세 아들은 타인을 위해서 나 자신을 내려놓고 열심히 했고, 이를 통해 내면의 느긋함을 얻었다.

만약 당신 주변에 자아 긍정 능력이 약하고 자신감이 없는 아이가 있다면 그 아이에게 잠시 자신을 내려놓고 몰두할 수 있는 일을 찾아보라고 말해주어라. 집 주변에서 쓰레기를 줍거나 학교에서 괴롭힘을 당하는 친구를 도와주거나, 거동이 불편한 사람을 도와 무거운 짐을 들어주는 일 등 말이다. 사소한 일이라도 좋다. 아이가 타인을 위해 주도적으로 행동하게 하라.

자신의 행동이 누군가에게 도움이 된다는 사실을 실감하고, 자신의 도움으로 주변에 어떤 분명한 반응이 일어났다는 것을 깨닫게 되면 그 아이는 자신이 원래부터 갖고 있던 뛰어난 가치를 인식하게 된다.

이렇게 하면 아이의 자아 긍정 능력을 크게 회복시킬 수 있다. 자신감을 회복한 아이는 더 빛나는 미래를 향해 성장할 것이다.

# 14

## 감사하는 마음을
## 가져라

감사하는 마음을 잊는다면 아무리 돈이 많아도
가난하고, 아무리 친구가 많아도 외롭다.


일본 말 가운데 내가 특히 좋아하는 말이 있다.

"오카게사마데(おかげさまで, 당신 덕분입니다)."

나는 늘 아이들에게 말한다.

"네가 태어난 후 지금까지 모든 것은 다 누군가의 덕분으로 이렇게 편안한 생활을 할 수 있는 거란다."

일본에서의 생활은 아주 편안하다. 자라는 과정에서 어려움을 겪은 적도 없다. 아이들은 지금의 행복한 생활이 당연하다고 생각한다.

하지만 현실은 다르다. 이런 편리하고 안락한 생활 뒤에 수많은 사람이 24시간 쉼 없이 일하고 있다. 도로, 하수도, 전력 등 기초설비의 관리, 쓰레기 수거 등은 물론이고, 편의점의 물건들도 누군가가 운송해줘야 한다. 집에서도 마찬가지다. 청소, 빨래, 요리 등 모든 일을 누군가가 해주기 때문에 아이들이 안심하고 편안히 성장할 수 있다.

개발도상국에서는 지역에 따라 수도, 전기, 도로, 학교가 없는 경우도 많다. 심지어 병에 걸렸는데도 병원이 없어 치료를 받지 못한다. 전란 중의 국가에서는 자기기 목숨조차 지키기 어렵다. 부모를 잃은 아이는 어려서부터 일을 하거나 구걸해야 한다. 그렇지 않으면 당장 먹을 것도 없다. 이런 일들을 생각하면, 지금 일본에서 사는 것이 얼마나 행복한 일인가.

나는 자주 아이들에게 유엔을 통해 해외 시찰을 나갔을 때 만났던 아이들의 이야기를 들려주었다. 수단에서 아버지를 잃고 아동병사로 흘러 들어간 열두 살 남자아이, 어머니가 팔아버리는 바람에 캄보디아에서 태국으로 끌려와 성매매를 강요당하는 열한 살 여자아이, 필리핀 거리에서 노숙하며 비참하게 하루하루를 보내는 아이들…. 이런 이야기를 차근차근 설명해주면, 아직 어린 나이였는데도 아이들은 그런 외국의 아이들이 얼마나 힘들고 어려울지 금방 이해했다. 그리고 자신이 얼마나 운이 좋고 행복한지 확실하게 느꼈다.

"감사하는 마음을 잊는다면 아무리 돈이 많아도 가난하고, 아무리 친구가 많아도 외롭다."

나는 평생 아이들에게 이 말을 반복해서 이야기했다. 아이들도 나의 이런 당부를 잘 이해하고 받아들여서 밥을 먹을 수 있어서 감사하고, 물을 쓸 수 있어서 감사하고, 전기를 쓸 수 있어서 감사하다고 이야기했다. 또한 살아 있는 것에 감사하다는 이야기도 했다. 이처럼 '당신 덕분에'라는 감사하는 마음을 갖고 있으면 항상 주변의 것들에 대해 감사할 줄 아는 아이로 자란다. 감사하는 마음을 갖는 사람은 남을 배려하고 이해하는 마음도 생기게 마련이다.

어쩌면 나의 이런 교육 때문이었는지, 아이들은 아무리 어려운 상황에서도 절대 원망하지 않는다. 그리고 욕심이 많지도 않다.

얼마 전, 미국에서 돌아온 셋째 아들의 구두가 낡은 것을 보고 새로 한 켤레 사라고 한 적이 있었다. 아들은 아직 신을 수 있는데, 새 구두를 사는 것은 낭비라며 괜찮다고 했다. 우리 가족에게는 이런 대화가 일상적이다. 내가 우연히 아이들의 낡은 옷이나 구두를 보고 잔소리를 해도 아이들은 완전히 쓸 수 없을 때가 될 때까지 물건을 사용하고서야 버린다. 아들들은 외모에는 거의 신경을 쓰지 않는다. 물건을 아끼고 감사하는 마음을 갖는 것, 감사하는 마음을 잊지 않는 것. 이런 교육이 아들들의 머릿속에 깊이 새겨져 있기 때문이다.

# 15

# 재물에
# 휘둘리지 마라

돈으로 살 수 없는 사랑, 우정, 온기, 추억 같은 것
들이야말로 우리 인생을 풍성하게 해준다.

아이에게 금전 교육을 한다고 하면 일반적으로 돈의 중요성에
관해 이야기해주는 것을 떠올린다. 계획을 세워서 물건을 사야 한
다거나 직접 용돈을 어떻게 쓸지 생각해보게 하는 것 등이다. 나
는 금전 교육은 빠를수록 좋다고 생각한다. 아이를 경제 관념이
있는 사람으로 키우려면 어렸을 때부터 돈은 무엇인지, 왜 필요한
지를 가르치는 것도 부모의 중요한 임무다. 아이 교육에 부모의
공부는 필수이기에 신문의 경제면이나 경제 관련 서적을 읽는 것
을 게을리하지 않았다.

그렇다고 나의 금전 교육이 아이들에게 돈을 주고 물건을 사보
게 하는 것은 아니다. 금전 교육은 아이들에게 돈으로 살 수 없는
것이 있다는 것을 알려주는 데서 시작한다.

재물은 무척 중요한 것이지만 거기에 구속당해서는 안 된다. 수많은 사람이 돈 때문에 인생에서 소중한 것들을 잃기도 한다. 그래서 나는 아이들에게 다음과 같은 두 가지 진리를 먼저 가르쳤다.

"돈이 없더라도 행복할 수 있다."

"돈보다 더 중요한 것이 아주 많다."

우리 집에서는 기본적으로 아이들이 자유롭게 쓸 수 있는 용돈을 주지 않는다. 선물도 1년에 딱 두 번만 준다. 한 번은 크리스마스에 산타클로스가 주는 선물이고, 또 한 번은 생일 선물이다.

또한 나는 장난감을 사주는 것보다는 아이들이 손과 머리를 써서 놀 수 있는 게임을 가르치는 것이 더 중요하다고 생각한다. 유아기 때부터 나는 아이들과 몸으로 뛰어노는 것을 좋아했다. 카드 놀이나 신호등 놀이 같은 것도 하고, 두 사람이 마주 보고 서서 손바닥을 대고 상대를 밀어내는 놀이도 한다. 혹은 순서대로 돌아가며 짧은 시 외우기 놀이도 하고 누가 속담을 더 많이 아는지를 겨루는 속담 잇기 놀이도 한다. 다 함께 모이면 언제든지 어디서든지 놀이를 시작할 수 있다.

이런 놀이를 하면 몸도 건강해지고 머리도 좋아지는 일거양득이 된다. 아이들도 이런 놀이를 하면 전혀 지루해하지 않는다. 유치원이나 초등학교에 다닐 때는 다들 모여서 함께 바둑을 두거나,

원 카드 놀이 등을 하는 것을 좋아했다. 어쨌든 돈이 들지 않는 놀이들이다. 가끔 놀이공원에 가기도 했지만, 거기서도 놀이 센터에는 들어간 적이 없다.

우리 아들들은 자연히 돈을 쓰지 않고도 재미있게 놀 수 있는 방법을 배웠고 결과적으로 그다지 물질적 욕심이 없는 아이들로 자랐다. 장난감 가게 앞에서 장난감을 사달라고 울며 떼쓰는 아이들을 종종 보지만, 우리 집에서는 그런 일이 전혀 없었다.

우리 집 아이들은 장난감을 가지고 놀면 금방 질린다면서 장난감은 필요 없다고 말하기도 했다. 가끔 내가 출장을 다녀오면서 아이들에게 하나씩 선물을 사 오겠다고 하기도 한다. 집에 돌아오면 아이들은 자기 마음에 드는 것을 고르는데, 늘 조그맣고 별로 비싸지 않은 물건들을 고르곤 한다.

아이들이 현금으로 용돈을 받는 경우도 1년에 딱 두 번이다. 양력 새해 첫날과 음력 새해 첫날이다. 아빠와 엄마, 그리고 친척이 주는 세뱃돈인데, 모으면 금액이 적지 않다. 나는 아이들에게 늘 이렇게 말했다.

"쓸 만큼만 남기고 나머지는 저축하자."

그런 다음 약간의 돈만 아이들이 자유롭게 쓰게 하고, 나머지는 모두 각자의 이름으로 된 저금통장에 저축한다.

당장 필요한 물건이 아니라면 소비를 미루는 습관을 길러주는 것도 중요하다.

우리 집 아이들은 고등학교에 입학할 때까지 기본적으로 따로 용돈을 받은 적이 없다. 아이들이 돈이 필요할 때면, 예를 들어 친구들과 놀러 나갈 때, 친구의 생일 선물을 사야 할 때, 여행을 가서 기념품을 사야 할 때 등등 그럴 때마다 필요한 만큼 돈을 주었기 때문이다.

최근 내가 아이들에게 이렇게 물어본 적이 있다.

"그렇게 하는 게 불편하지 않았니?"

아이들은 이구동성으로 대답했다.

"아뇨! 조금도 불편하지 않아요. 그다지 돈이 필요한 적도 없고, 필요하면 부모님이 다 주시잖아요."

아이들은 일찍부터 가족과 함께 보내는 시간이 가장 귀하다는 사실을 깨달은 것 같다.

돈으로 살 수 없는 사랑, 우정, 온기, 추억 같은 것들이야말로 우리의 인생을 풍성하게 해준다. 이런 진리를 가능한 한 일찌감치 아이들에게 말해줘야 한다. 그러면 재물에 대한 아이들의 생각이 현저히 달라진다.

'돈이 전부다', '돈만 있으면 뭐든지 할 수 있다'고 착각하는 사람들은 세상에 수없이 많다. 하지만 실제로는 절대 그렇지 않다. 돈에 의존하지 않고 재물에 지배되지 않아야 즐겁게 살아갈 수 있다. 이런 아름다운 삶의 방식은 금전 교육과 직접 관련돼 있고, 이런 교육은 아이들이 어릴 때 반드시 필요한 과정이다.

## 다르게 생각하는 사람

미국 캘리포니아의 시골 마을에 짐과 아인이라는 두 친구가 있었다. 그들의 일은 날마다 물을 길어 도시에 파는 것이었다. 물 한 통의 가격은 2달러였고 하루에 스무 통까지 팔기도 했다. 어느 날 짐과 아인은 자신들의 미래에 관해 이야기를 나눴다. 그중 나이가 좀 더 많은 아인이 말했다.

"우리는 아직 젊으니까 하루에 스무 통을 긷는 게 문제가 되지 않지만, 세월이 흘러 나이 든 후에도 그럴 수 있을까?"

그 말을 들은 짐은 심각한 얼굴로 생각에 잠겼고 아인이 다시 말을 이었다.

"도시까지 수로를 만들면 어떨까? 그렇다면 나중에는 힘들게 일하지 않아도 되잖아."

짐이 한참을 생각하더니 입을 열었다.

"수로를 만드는 데 시간을 쏟다 보면 하루에 20달러도 벌지 못할걸."

5년 후, 짐과 아인의 차이는 하늘과 땅 같았다. 아인은 수도회사의 사장이 됐지만, 짐은 계속해서 물을 길어다 팔고 있었다.

# 16

## 다수 의견을
## 따르지 않을
## 용기를 지녀라

다수와 '같지 않다'는 것은 선물과 같다.
오늘날에는 자신을 자유롭게 표현할 줄 알아야 한다.

일본 사회에는 '중간 정도 가는 게 제일 좋다'는 분위기가 널리 퍼져 있다. 너무 눈에 띄면 사람들에게 질시를 사고 오만하다는 평을 받는 경우가 있다. 그래서 어린이들도 무의식적으로 이런 경계심을 지니는지 모른다.

'착하게 굴어야 해, 눈에 거슬리지 않는 게 최고야.'

하지만 '흘러가는 흐름을 깨뜨리지 마라. 종합적으로 보는 능력이 승패를 가른다'는 생각은 이미 낡은 사고방식이다. 미래 사회가 필요로 하는 것은 타인과 '다른' 독특하고 창의적인 생각이다. 이 사회는 매일 새로운 사물의 탄생을 기대하며, 자유로운 상상과 표현을 통해 보통 사람과는 다른 새로운 흐름을 일으키는 인재를 원한다. 이것이 아이들에게 필요한 사고이다.

이와 같은 인재가 되기 위해 가장 필요한 소양은 다른 사람의 시선을 두려워하지 않고 자기 생각을 겉으로 드러내는 용기다. 자존감이 낮은 아이는 이런 용기를 가질 수 없다. 학교에서 다른 학생들이 하지 않는 일을 해서 따돌림당하거나 비웃음을 살지라도 자신의 개성을 존중할 줄 아는 아이로 키워야 한다. 지금 이 세계가 찾고 있는 인재가 바로 그런 사람이기 때문이다.

수많은 세계의 명문 대학이 그런 학생을 찾고 있다.

나는 늘 아들들에게 이렇게 말했다.

"다른 사람과 똑같이 하려고 하지 마라."

아이들이 학교에서 아주 독특한 친구를 만난 이야기를 들려주면, 나는 항상 적극적으로 그 친구를 칭찬했다.

"정말 멋진 친구로구나. 아주 독특해."

이렇게 해서 아이들이 개성을 드러내기 쉬운 분위기를 만든다.

나는 아들들을 다른 사람의 의견에 쉽게 동조하는 사람, 다른 사람이 자신을 좋아하도록 하기 위해 자기 의견을 꺾고 타협하는 소심한 사람으로 키우고 싶지 않았다. 나는 늘 아이들에게 '남의 세력에 편승해 덕을 보는 사람'이 되지 말라고 가르쳤고, 공격을 받더라도 앞장서는 사람, 특출난 사람이 돼야 한다고 당부했다.

나의 이런 교육은 아들들이 미국으로 유학하러 간 뒤 큰 역할을 했다. 미국은 개인의 의견을 중시하는 나라다. 다른 사람의 의견에 동의하든 반대하든, 자신의 의견을 제시하지 못하는 사람은 신뢰받지 못한다. 다른 사람의 말을 따르기만 하면 '아무것도 생각할 줄 모르는 무능력한 사람' 취급을 받게 된다.

다행스럽게도 내 아들들은 자기 생각을 말하는 것을 두려워하지 않는 사람으로 자랐다. 특히 큰아들은 언제나 독창적인 생각을 해내고, 또 그런 생각을 적극적으로 표현하는 편이다. 둘째 아들은 자신이 관심 없는 주제일 때는 침묵하지만, 관심이 있는 화제는 상대방을 설득할 때까지 멈추지 않는, 그리고 설득할 수 있는 능력을 갖추려고 노력하는 스타일이다. 셋째 아들의 가장 큰 무기는 웃는 얼굴로 자기 의견을 간단하면서도 이해하기 쉽게 설명하는 능력이다. 셋째의 뛰어난 말하기 능력은 초등학교 때부터 늘 좋은 평가를 받았다.

세 아들의 구체적인 태도는 각자 다르지만, 모두 자신만의 의견을 갖고 있고 자신의 행동이 다른 사람들과 다를까 봐 겁먹지 않는다. 우리 집은 일상적으로 토론을 즐기며, 밤새 이야기를 나누다가 밤을 꼬박 새울 때도 적지 않다. 세 아들이 자신을 열심히 표현하고 의견 충돌을 두려워하지 않으면서 서로 배우는 모습을 보면 늘 흐뭇해진다.

다른 사람들과의 '차이'는 신의 선물이자 한 사람이 가질 수 있는 최대의 능력이고 무기이다.

# 17

# 실패를
# 두려워하지 마라

실패가 두려워 행동하지 않는 것이야말로
가장 나쁜 일이다.


"비록 실패해도 그걸 다음 단계로 가기 위해 꼭 거쳐야 할 길이라고 생각하렴. 무슨 일이든 다 의미가 있단다."

"실패를 성공의 원동력으로 만들면 되는 거야."

나는 늘 아이들에게 이렇게 가르쳤다.

나에게 일어나는 일들은 모두 나름의 의미가 있다. 성공에는 성공 원인이 있고, 실패에는 실패의 의미가 있다. 실패의 의미를 깨닫는 순간, 어떤 사건이 일어나는 의미가 어디에 있는지도 명확해진다.

만약 그 속의 의미를 이해할 수 있다면, 그 뒤부터는 한 단계 뛰어넘는 도약만 남는다. 그 의미를 이해하지 못하거나 도외시한다면, 성공하더라도 거기서 정체하기 십상이고 다음에 실패하면 재기하기 힘들다.

실패는 절대 나쁜 일이 아니다. 실패가 두려워 행동하지 않는 것이야말로 가장 나쁜 일이다.

인간은 누구나 이런 고통을 겪는다. 뭔가를 잃게 되면 방어 심리가 발동하여 다시 새로운 도전을 할 엄두를 내지 못한다. 하지만 현 상태에 안주하는 것은 극히 위험한 일이다.

현 상태에 만족하고 정체된 사람은 주변의 다른 사람들이 모두 앞으로 나아가는 경우 자신은 후퇴하는 것과 다를 바 없다. 세상은 멈추지 않고 계속 전진한다. 우리는 그에 걸맞게 행동해야 한다. 걸음을 멈춰 버리고 더 전진하지 않는다면 지금 가진 것조차 모두 잃게 된다. 부모는 아이들이 실패를 통해 미래로 도약할 수 있는 비전을 제시해 줘야 한다.

그래서 나는 아이들에게 이렇게 가르쳤다.

"부단히 전진하려고 노력해야 한다. 만일의 경우를 대비한 최저한도의 준비는 필요하지만, 무언가를 잃을까 봐 너무 겁을 내지는 마라. 하고 싶은 일은 끝까지 기쁘게 도전하라."

이런 가르침과 더불어, 부모로서 아이들에게 지원과 관심을 아끼지 않았다. 학교를 선택할 때도, 직업을 바꿀 때도, 나는 늘 아이들이 자신이 믿는 길을 갈 수 있도록 응원했다.

이는 스탠퍼드대학교의 교수법과도 관련이 있다. 이 학교에는

2,000여 명의 교수가 있다. 그들은 각자 자신만의 교수법을 갖고 있지만, 스탠퍼드대학교가 가지는 전반적인 학문 풍토가 있다. 바로 학생이 커리큘럼에 적극적으로 참여한다는 것이다. 강의 시간에 소극적으로 교수가 하는 말을 듣기만 하지 않는다.

내가 처음 입학했을 때, 교수들이 했던 말이 있다.

"아무도 하지 않은 일이 있다면, 그 일을 하라. 누군가 이미 한 일이라면, 그 일을 그 사람보다 더 잘해야 한다."

스탠퍼드대학교는 학생들에게 현재에 만족하지 말라고 가르친다. 내일이면 분명히 더 좋은 것이 나타날 것이기 때문이다. 이 대학이 전통을 중요하게 여기지 않는 것이 아니다. 미래를 지향하라는 의미다. 스탠퍼드대학교는 바로 이런 사고방식을 가진 학생들을 원한다.


우리 세 아들은 미국의 명문 고등학교인 대처고등학교(Thatcher High School)에 다녔는데, 대학 진학 상담을 할 때 세 명 다 선생님에게 이런 말을 들었다.

"점수가 좀 부족하구나. 스탠퍼드대학교에 합격하기는 어려울 것 같다. 몇몇 과목은 시험을 잘 보지 못했어…."

선생님의 말을 끝까지 들은 아이들은 오히려 더 의욕에 불탔다. 자신이 잘하지 못하는 과목 선생님을 찾아가 어떻게 하면 자신의 약점을 메울 수 있는지 물었고, 선생님의 지도를 따라 온 힘을 다해 공부했다. 결국 마지막 학기에 성적을 크게 높여서 스탠퍼드대학교에 합격했다. 앞선 시험에서 실패한 것이 그들의 도전 정신에 불을 붙였던 것이다. 그때 진학 상담 선생님의 제안을 따랐다면, 세 아들 모두 스탠퍼드대학교에 입학하지 못했을 것이다.

포기하지 않는 것이 중요하다.

'시험을 망쳤다면 더 노력해서 공부하면 된다.'

'아직 시간이 있으니 반드시 달라질 가능성이 있다.'

이런 진취적인 생각을 가지고 다시 도전하면 마침내 자기 자신의 한계를 뛰어넘을 수 있다. 이것이야말로 "실패는 성공의 어머니다."라는 말을 입증해주는 게 아닐까.

# 18

## 가장 어려운 길을
## 선택하라

도전 정신을 가진 자만이
세계 속 인재가 될 수 있다.

"막막할 때는 가장 어려운 길을 선택하라."

아버지가 나에게 주신 가르침이다. 나는 이 말이 정말 유용하다고 생각한다. 그래서 나의 아들들에게도 이 말을 그대로 가르쳤다.

예를 들어, 숙제를 아직 마치지 못했는데 텔레비전을 보고 싶다. 이럴 때 어떤 것이 더 어려운 일일까? 당연히 숙제를 마저 다 하는 일이다. 이렇게 생각하면 막막하거나 결정을 내리지 못할 게 없다. 우선 숙제를 마친 뒤에 텔레비전을 보기로 결정하면 된다.

또 다른 예를 들어 보자.

'목표는 스탠퍼드대인데, 너무 힘들 것 같아. 그럼 다른 대학에 갈까?'

아들이 이렇게 고민에 빠졌을 때도 스탠퍼드에 입학하는 것이 어려운 쪽이었으므로 스탠퍼드대학교를 목표로 선택했다.

이런 방식으로 선택의 갈림길에서 어려운 길을 선택하면 더 많이 노력해야 하는 것은 당연하다. 그러나 결과적으로 볼 때, 이런 과정이 자신을 한 단계 발전시킨다.

사과를 해야 할지 말아야 할지 고민될 때, 보통 더 어려운 길은 사과를 하는 것이다. 그렇다면 망설이지 말고 사과하자.

'다른 사람에게 말을 걸려니 조금 부끄럽군…. 어떻게 하지?'

이처럼 어떻게 하면 좋을지 모르겠다는 생각이 들 때, 역시 어려운 길을 선택하자. 먼저 다가가서 말을 거는 것이다.

"고민이 될 때 그 순간 가장 어려운 길을 선택하라."

이 말은 인간관계에서도 한 발짝 먼저 뗄 수 있는 용기를 준다.


세 아들 모두 이 말을 무척 좋아하고 늘 실천하고 있다. 스탠퍼드대학교에 입학 지원을 하기로 한 것도 그들 자신의 결정이었다. 입학지원서를 쓰는 기간 아이들은 밤늦게까지 에세이를 쓰느라 펜을 놓지 않았다. 나머지는 내일 또다시 쓰라고 몇 번 권했지만, 아이들은 그때도 지금 잠을 잘 것인지 계속 에세이를 쓸 것인지 중에서 선택했다. 당연히 잠을 자는 쪽이 편하고 좋다. 하지만 아이들은 이렇게 대답했다.

"얼마 안 남았어요. 끝까지 할게요."

그런 다음 에세이를 몇 번이나 다시 읽어보면서 계속 수정했다.

"잘 썼어. 완벽해."

내가 읽어보고 좋은 평가를 해준 글인데도 아들은 만족하지 않았다.

"아뇨, 아직 부족해요."

그러면서 다시 다듬었다. 그렇게 며칠이 더 흐른 뒤, 아들이 나에게 보여준 에세이를 보고 나는 눈물을 흘렸다. 아이가 쓴 글은 확실히 전보다 훨씬 나아졌다. 포기하지 않고 계속 더 완벽한 글을 쓰기 위해 노력한 결과였다. 가장 어려운 길을 선택하고 용감하게 도전하는 아들에게 나도 감탄할 수밖에 없었다.

'나는 반드시 가장 어려운 길을 갈 거야.'

이런 마음가짐을 가진 사람은 아무리 큰 어려움이 있더라도, 더 많이 노력해야 할지라도 다시는 고민하거나 망설이지 않게 된다.

아이들의 모습을 보면서 나는 아들들이 모두 쉬운 길을 선택하지 않았다는 사실을 분명하게 알 수 있었다.

늘 좀 더 발전하고 성장하려는 태도로 나 자신의 한계에 도전한다. 이것이 바로 세계에서 통하는 인재가 되는 중요한 동기 아닌가.

어려운 일에 용감하게 도전하는 것, 열악한 환경도 참고 견디며 목표에 도달하기 위해 부단히 노력하는 것. 나는 이런 정신적 기틀은 역시 내 아버지의 가르침에서 나왔다고 믿는다.

"중요한 결정을 할 때는 항상 가장 어려운 길을 선택해라."

# 19

## 고마움에 보답할 줄
## 아는 사람이 되라

인간은 서로 돕고 협력하면서 살아간다.

일본의 가정교육 중에 가장 전형적인 가르침이 바로 '타인에게 폐를 끼치지 말라'는 것이다.

하지만 나는 혹시라도 잘못 이해되면 이런 가르침 때문에 아이들이 잘못된 가치관을 가질 수 있다고 생각한다. '타인에게 폐를 끼치지 말라'는 것만으로는 충분히 설명되지 않기 때문이다. 이 말은 '타인에게 폐를 끼치는 사람이 없어야 한다'는 뜻과 같다. 하지만 실제로 인간은 태어나는 순간부터 여러 사람의 보살핌을 받아야 생존할 수 있다.

'호흡'이라는 동작을 놓고 생각해보자. 호흡을 하면 이산화탄소를 내뱉게 되고, 이산화탄소는 지구 온난화 현상을 가중시킨다. 그러니 이 세상에는 절대로 타인에게 폐를 끼치지 않는 사람이란 존재할 수 없다.

만약 아이에게 '폐를 끼치는 문제'에 대해 가르치려면 마땅히 이렇게 말하는 것이 더 좋다.

"사람은 서로 돕고 협력하면서 살아간다. 그러니 주변 사람들에게 고마운 마음을 가져야 하고, 도움을 받으면 보답할 줄 알아야 한다."

바꿔 설명해보자. '폐를 끼친다'는 것은 도대체 무엇인가? 내 생각에, 일반적으로 '타인을 불쾌하게 한다.', '타인을 해친다.', '타인의 물건을 훔친다.', '위법행위를 한다.' 같은 일들이 아닐까 싶다. 그러나 아이들은 이런 '폐를 끼친다'의 정의를 잘못 이해할 가능성이 크다.

예를 들어 신체에 장애가 있는 사람이나 어린아이, 아기를 데리고 있는 엄마, 노인, 노숙자 등 주변 사람의 배려와 도움이 필요한 사람이 있다. 그런데 이런 사회적 약자들은 주변 사람들이 좋지 못한 시선으로 볼 때가 있다. 자신의 몸이 건강하면 폐를 끼치지 않을 텐데, 저 사람들은 지금 주변 사람들에게 폐를 끼치고 있다고 생각하는 것이다. 그건 '폐를 끼친다'는 말을 잘못 이해한 결과다. 그래서 이런 사회적 약자들을 차별하거나 괴롭히는 경우가 생긴다.

좀 더 깊이 들여다보자. '타인'이란 누구일까? 자기 외의 다른 모든 사람을 의미할까? 아니면 가족 외의 사람을 의미할까? 아니면 자기 나라 사람 외의 사람들을 가리킬까?

'타인'이라는 단어는 개인이 속한 단체와 여타의 단체로 구분된다. 하지만 국제화가 이뤄지는 오늘날, 전 인류는 인종, 성별, 종교, 이데올로기 등을 초월한 공존의 길을 모색하고 있다. 흔히 말하는 '타인에게 폐를 끼치지 말라'는 문장은 장애를 가진 사람과 공동으로 생활하는 포용적인 사회와 맞지 않다.

게다가 이런 말은 또 다른 문제를 일으킨다. 자신이 곤란해졌을 때 타인의 시선에 신경 쓰느라 솔직하게 도움을 청하지 못하는 것이다. 실제로 일본에서는 '절대로 타인에게 폐를 끼치지 않겠다.', '사회의 부담이 되지 않겠다'는 생각에 사로잡힌 나머지 먹을 것조차 없는 상황인데도 사회의 도움을 끝내 거부하다가 결국 비극적인 사건이 벌어진 경우도 있었다. 혼자서 살아갈 수 있는 사회는 없다. 그렇기 때문에 어려운 상황에선 다른 사람에게 도움을 받을 수 있다는 점을 아이들에게 가르쳐야 한다. 이를 통해 나 역시 여력이 된다면 남에게 베푸는 것이 옳다는 것을 가르칠 수 있다.

그래서 나는 아이들에게 이렇게 가르쳤다.

"인간은 서로 돕고 협력하면서 살아간다. 다들 그렇게 서로 도와주기 때문에 주변 사람에게 감사한 마음을 표현해줘야 한다."

"나 자신에게 여력이 있을 때 다른 사람을 도와주어라. 반대로 내가 어려움에 처했을 때는 도와달라고 하는 것을 부끄러워하지 마라. 타인에게 폐를 끼치는 것이 아니다. 사람들은 누구나 도움을 주고받으면서 산다."

나, 가족, 학교의 친구들, 일본인, 중국인, 외국인, 건강한 사람과 장애를 가진 사람, 어린아이와 노인까지 '모두 지구에서 살아가는 사람'이다. 모든 사람이 다 소중한 존재다. 그러므로 아이들에게 이렇게 가르치자.

"이 세상에는 폐를 끼치는 사람이 없다. 모두 서로 도우면서 함께 사는 것이다."

이런 교육이야말로 선량한 아이를 키우는 정확한 원칙이라 할 수 있다.

# 스탠퍼드 등 세계 명문대에
# 진학한 학생들의 생활 습관

**01** 집중력과 기억력 강화를 위해 충분히 잔다. 충분한 휴식 없이는 수업에 집중할 수 없다.

**05** 적어도 일주일에 1~2회는 가족과 저녁 식사를 한다. 가족과의 식사 시간을 통해 가정의 소중함을 체득한다.

**02** 모바일 게임, PC 게임을 자제한다. 장시간 영상매체를 통한 오락은 두뇌에 오래도록 잔상을 남겨 집중력을 저하시킨다.

**06** 스스로 칭찬과 격려를 아끼지 않는다. 칭찬은 성취감과 자존감을 높인다.

**03** 사소한 호기심을 그냥 지나치지 않는다. 공부와 관련된 것이 아니라도 궁금증이 생기면 바로 해결한다.

**07** 기상 후 아침 시간에 예습을 한다. 아침 식사 전 공복 상태에서는 각성 물질이 뇌에서 나와 단시간에 집중력을 높여 준다.

**04** 일기를 쓴다. 단순히 그날 일어난 일을 서술하는 게 아니라 주제를 정해서 쓴다.

**08** 건강한 식생활로 두뇌를 강화한다. 호두, 생선과 같은 고영양의 식단은 두뇌 발달에 도움을 준다. 과일이나 채소 등 섬유질 섭취도 두뇌 활성화에 좋다.

# Chapter 3

# 교육 엄마:
# 자녀에게 주고 싶은
# 15가지 능력

| 공부에 도움이 되는 힘 |

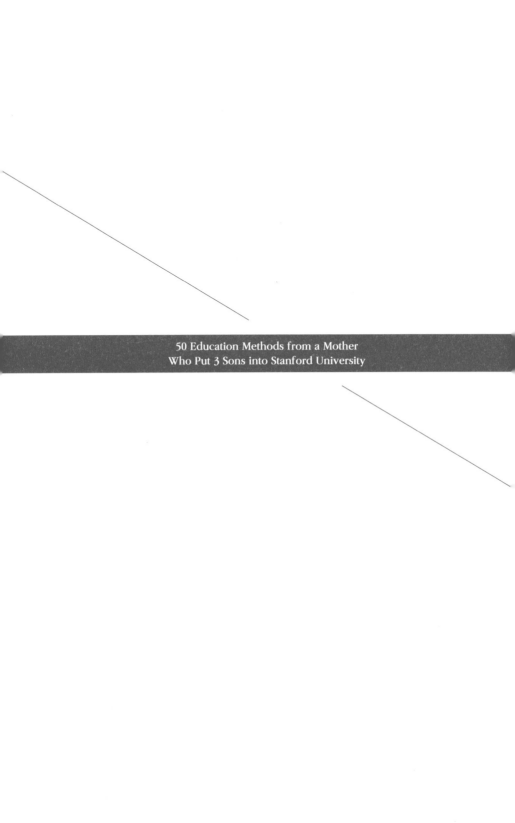

50 Education Methods from a Mother
Who Put 3 Sons into Stanford University

# 20

# 뇌력(腦力)

아이가 많이 보고, 듣고, 경험하고, 사람을 만나야
시냅스가 증가한다.

유아기에는 가능한 한 많이 체험하고 오감 신경을 자극하는 것
이 매우 중요하다. 이 시기가 바로 뇌 신경 세포(뉴런)를 연결하
는 시냅스(synapse)⁴의 수가 폭발적으로 증가하는 시기이기 때문
이다. 인류의 뇌세포 수는 기본적으로 모두 같다. 그러나 뇌세포
를 연결하는 시냅스의 수는 사람마다 다르다. 시냅스의 수가 많을
수록 대뇌의 정보처리 속도가 빠르다. 그러므로 아이의 잠재력을
개발하려면 뇌세포의 회로를 연결하는 시냅스의 수를 증가시켜야
한다.

어린아이의 대뇌는 새하얀 종이와 같다. 어떤 일이든 그들에게

---

5 시냅스(synapse): 뇌 신경세포 사이에서 정보를 전달하고 서로 연결하는 접합 부위.

는 신선하기 짝이 없는 최초의 경험이다. 하나하나 전부 눈으로 보고 귀로 듣고 몸으로 접촉하면서 대뇌는 자극을 받고 새로운 회로를 생성한다. 그래서 나는 아이들이 매일 새로운 사물, 새로운 일을 접하고 계속해서 다른 종류의 자극을 받을 수 있게 하려고 애썼다.

다들 매일 공부와 놀이 시간을 정해 두고 아이의 생활을 규칙적으로 운영하는 것이 좋다는 말을 듣는다. 하지만 똑같은 활동이 매일 반복된다면 대뇌의 발육이 점점 느려진다.

공원에 가는 것을 예로 들어보자. 어제는 집 근처의 공원에 갔다면 오늘은 버스를 타고 조금 먼 곳의 공원에 가는 것이다. 가끔은 해변이나 숲으로 가기도 한다. 이렇게 하는 것이 아이들에게는 매우 중요하다.

음식을 먹는 것도 그렇다. 가능한 한 다양한 종류의 음식을 먹어보고 여러 가지 맛을 경험하는 것이 좋다. 그리고 아이가 가능한 한 많은 사람을 만나고 많은 사람의 이야기를 듣는 것도 대뇌 발육을 촉진한다. 각종 사물 혹은 동물을 만질 때의 촉감과 온도, 냄새 등은 대뇌의 발육에 가장 좋은 자극이 된다. 오감을 통해 부단히 대뇌에 새로운 정보를 전송하는 것, 이것이 가장 중요한 핵심이다.

18세기 영국이나 독일의 귀족들은 자녀들이 새로운 환경에서 다양한 경험을 할 수 있도록 몇 년이라는 긴 시간 동안 프랑스와 이탈리아로 여행을 보내기도 했다. 일상적 사고를 반복하다 보면 생각이 더 이상 성장할 수 없다. 되도록 아이가 낯선 환경에서 낯선 경험을 할 수 있게 도와주는 것이 부모의 몫이다.

교육자들 사이에서 상식으로 통하는 말이 있다.

"세 살이 되기 전에 많은 경험을 해야 하고, 여섯 살 전에는 사회활동에 원만하게 참여해야 하고, 여덟 살 전에 지능지수(IQ)를 높여 사춘기에 대비해야 한다."

여덟 살까지가 대뇌의 시냅스가 가장 많이 발달하는 시기이기 때문이다. 여덟 살이 넘으면 사용하지 않는 시냅스는 거의 소실된다. 그때부터 한 사람이 잘하는 것과 잘하지 못하는 것, 그리고 좋아하는 것과 싫어하는 것 등이 정해지기 시작한다.

그렇기에 아이가 여덟 살이 되기 전에 최대한 많이 보고, 많이 듣고, 많이 경험하고, 많은 사람과 만나야 한다. 그래야 시냅스가 계속해서 늘어나고 복잡화(複雜化)한다. 이렇게 하면 여덟 살이 넘어 취사 선택을 시작할 때 그 선택 범위가 넓어진다. 다시 말해 아이의 잠재력이 향상되는 것이다.

물론 개인마다 차이가 있어서 계획대로 진행되지 않기도 한다. 그렇더라도 아이의 뇌 발달 시기는 여전히 중요하다고 본다. 최대

교육 엄마: 아이에게 주고 싶은 15가지 능력

한 많은 자극을 주기 위해 노력하고, 아이가 성장할 수 있도록 도와줘야 한다.

아이들이 어릴 때, 나는 여건이 허락하는 한 아이들을 데리고 일터로 갔다. 시간이 나면 아이를 데리고 여기저기 산책을 했다. 지하철을 타고 박물관이나 동물원에도 갔다. 휴일에는 교외로 나가 텃밭을 가꾸거나 낚시를 했고, 곤충도 채집했다. 봄에는 벚꽃 구경, 여름에는 해수욕, 가을에는 낙엽 감상, 겨울에는 눈사람 만들기 등 계절마다 새로운 일을 경험하게 하기도 했다.

호기심이 왕성하고 무슨 일에든 적극적이며 겁내지 않는 아이로 키우려면 유아기의 풍부한 경험이 반드시 필요하다. 아이의 잠재력을 매몰시키지 않기 위해서라도 아이들이 많이 보고, 듣고, 경험하고, 여러 사람과 만나 세상의 다양한 면을 느끼도록 해줘야 한다.

# 21

## 독해력

아이가 공부를 좋아하게 하기 위한 첫걸음은
책 읽기를 좋아하게 만드는 것이다.

일본은 세계에서 그림책 종류가 매우 풍부한 나라에 속한다.

나는 아이들이 고개를 가눌 무렵부터 그림책을 읽어주었다. 아이들이 알아듣는지 아닌지는 신경 쓰지 않고 틈만 나면 아이들 옆에 엎드려서 책을 펼쳤다.

처음에 아이는 눈을 말똥말똥 뜬 채 나를 쳐다본다. 그러나 얼마 지나지 않아서 좋아하는 그림이 나오면 웃고, 얼른 책장을 넘기라는 듯한 표정을 지으며 나를 바라보기도 했다. 아이가 자기 힘으로 앉을 수 있게 되면, 직접 그림책을 넘기고 싶어 한다. 이어서 말을 시작하자 나는 예전에 읽어줬던 그림책을 아이들이 대부분 외우고 있다는 것을 알게 되었다.

나는 아주 일찍부터 아이들에게 글을(히라가나) 익히게 했기 때문에, 세 살 정도가 되면 아이들은 자기 힘으로 그림책을 읽을 수 있었다.

그때부터는 책을 읽어주기만 하지 않고 아이들에게 '이번에는 네가 엄마한테 책을 읽어줘'라고 요청하기 시작한다. 아이들은 자기 스스로 소리 내어 발음해본 이야기는 내용을 훨씬 쉽게 기억하곤 했다. 책을 다 읽은 다음에는 아이들에게 '아빠한테 가서 이 책이 무슨 내용인지 설명해봐'라고 시킨다. 다른 사람에게 설명하려면 자기 자신이 내용을 철저하게 이해하고 있어야 한다. 그리고 긴 내용을 간단하게 정리하는 능력도 필요하다. 말하자면, 이야기를 다른 사람에게 들려주는 과정은 대뇌가 체조를 하는 것과 같다. 얇은 그림책으로 이렇게 다양한 두뇌 훈련을 할 수 있다. 이런 과정은 학습에 꼭 필요한 독해력을 키우는 데도 매우 유용하다.

아이가 다섯 살 정도 되자 이미 가지고 있는 어린이 책을 다 읽은 뒤라 아이들을 근처의 도서관으로 데려갔다. 큰아들은 허구가 아닌 이야기, 즉 비소설 분야의 책을 좋아했다. 특히 위인전기, 자연과학 분야의 책을 좋아했는데, 《파브르 곤충기》, 《시튼 동물기》 같은 책을 모조리 다 읽었다. 둘째 아들은 판타지 소설과 허구적인 작품을 좋아했다. 《모비 딕》, 《톰 소여의 모험》 같은 명작 소설을 즐겨 읽었다. 셋째 아들은 가리지 않고 다 좋아했다. 형들이 읽는 책을 가져와서 읽는 경우도 많았다.

일요일이면 우리 식구는 서점에 가서 좋아하는 책을 사서 카페에서 차를 마시며 책을 읽는다. 책을 읽은 뒤에 서로 책 내용을 이야기하거나 책을 바꿔 본다.

이런 습관은 아이가 어릴 때부터 지금까지 계속됐다. 며칠 전 귀국한 셋째 아들이 나에게 이런 말을 했다.

"엄마, 《마션 The Martian》 읽어보셨어요? 비행기에서 다 읽었는데 엄마 드릴까요?"

나는 아들에게 이렇게 대답했다.

"그럼 넌 《돈 까밀로와 뻬뽀네》 시리즈를 가져가렴."

나도 내가 다 읽은 책을 아들에게 주었다.

실제로 책을 읽는 것을 좋아하는 아이는 교과서를 읽는 것도 싫어하지 않는다. 우리 아들들은 모두 글자를 읽는 것 자체를 좋아해서 초등학교 때부터 교과서를 받으면 그날로 교과서를 다 읽어버리곤 했다. 아이들이 공부를 좋아하게 하고 싶다면, 그 첫 단계는 책 읽기를 좋아하게 만드는 것이다. 책 속에 길이 있기 때문이다.

# 22

# 집중력

집중력이 없으면, 어떤 일이든 효율적으로
완성할 수 없다.

어떤 일을 하든지 집중력이 없으면 효율적으로 그 일을 완성할 수 없다. 공부 역시 마찬가지다.

정신을 집중할 수 있어야 자신의 능력을 충분히 발휘해 단기간에 학습을 완성하고, 좋은 성적을 올릴 수 있다. 그러나 아이의 마음이 산만하고 집중할 수 있는 시간이 짧으면, 아무리 길게 공부해도 그저 시간만 흘려보내는 것이 되고, 학습 효과가 크게 떨어진다.

아이들의 집중력을 높이기 위해 나는 그들과 함께 다양한 놀이를 했다. 시간이 오래 걸리고 인내심이 필요한 놀이를 하다 보면 자연히 집중력이 좋아진다.

비록 어떤 일들은 '어린아이가 할 수 없을 것처럼' 보인다. 그래도 아이가 정말로 흥미를 보이고 좋아한다면 유아기에도 집중력을 높이는 훈련을 얼마든지 할 수 있다.

큰아들은 요리에 관심이 많았다. 세 살 때부터 나는 아이에게 채소를 다듬고 써는 일, 계량하는 일, 반죽하는 일 같은 자질구레한 일을 도와달라고 부탁하고는 했다.

사실 요리는 집중력을 높이는 아주 좋은 일이다.

굽거나 볶는 요리를 할 때는 불 조절을 잘해야 한다. 그럴 때 집중력이 없으면 요리를 태우거나 심지어 자기 자신이 다칠 수도 있다. 까딱 잘못하면 요리를 망치게 되므로 요리할 때는 아무리 귀찮아도 처음부터 끝까지 집중하지 않으면 안 된다.

나는 혼자서 요리하는 것이 더 간단하고 편하다고 생각한다. 그런데도 꼭 큰아이와 함께 요리했다. 요리를 식탁에 올린 뒤 둘이서 맛을 보고, 요리가 맛있으면 아이를 크게 칭찬해준다. 칭찬을 받은 큰아들은 신이 난다. 큰아들은 거의 매일 부엌에 놓인 작은 의자 위에 올라가서 진지한 표정으로 나를 도와주었다.

마찬가지로, 음악을 좋아하는 둘째 아들은 초등학교 5학년 때부터 기타를 배웠는데, 가만히 내버려 두면 서너 시간 동안 꼼짝도 하지 않고 기타만 연습하기도 했다. 아이는 차차 직접 곡이나 가사를 쓰고, 기타 연주와 노래를 함께 하기 시작했다. 나중에는 자작곡을 인터넷에 올려서 한동안 온라인상의 화제가 되기도 했다. 음악은 둘째 아들의 인생에서 절대 없어서는 안 되는 존재가 되었다.

이처럼 부모가 아이와 함께하면서 아이들의 흥미를 북돋아 주는 일은 매우 중요하다. 그러면 아이들은 그 행동을 할 때 더욱 집중하게 된다. 아이들의 머릿속에 '집중력 스위치'가 생기면 아이는 자유롭게 집중 모드를 켜고 끌 수 있다. '어서 공부해!' 하고 아무리 말해도 아이들에게는 소용이 없다. 하지만 아이들이 스스로 집중하고 흥미를 느끼는 즐거움을 알게 되면 필요할 때마다 집중력 스위치를 켜서 하고자 하는 일에 몰입할 수 있게 된다.

요리나 음악 외에도 수수께끼 풀이, 레고 만들기, 보드게임도 집중력을 높여준다. 아이들과 함께 짧은 시 외우기 같은 놀이를 해도 좋다. 중요한 것은 부모와 아이가 함께 참여해야 한다는 것이다. 아이의 집중력을 높이기 위해서는 평소 부모의 노력이 반드시 필요하다.

# 23

# 상상력 키우기

아이들에게 직접 지은 허구의 이야기를 들려주면
아이들의 상상력이 전속력으로 움직인다.

우리 집에는 이런 습관이 있었다. 잠들기 전, 직접 지은 이야기를 아이들에게 들려주는 것이다. 큰아이가 두 살 정도 되었을 무렵부터 10여 년간 이 습관을 유지했다. 내가 지은 이야기는 '펭귄의 모험'이라는 제목으로 결말이 없는 이야기다.

엄마 펭귄이 헤어진 아기 펭귄을 찾기 위해 전 세계를 여행하는 이야기다. 각 나라의 문화에 대한 내용이 이야기 전개를 따라 펼쳐진다. 엄마 펭귄은 종종 위험에 처하기도 하고 착한 사람을 만나 도움을 받기도 한다.

나는 가능한 한 이야기를 생생하고 흥미진진하게 꾸미려고 애썼다. 예를 들어, 엄마 펭귄이 인도에 가서 뱀 부리는 사람에게 붙잡히는 대목이 있었다. 엄마 펭귄이 억지로 뱀 춤을 춰야 하는 장면을 묘사할 때는 내가 엄마 펭귄이 되어 직접 춤을 추는 식이다. 이야기를 듣던 아들들은 하하하 크게 웃음을 터뜨렸다. 엄마 펭귄이 일본에 와서 후지산을 오르는 대목에 와서는 펭귄이 설원에 누워 있는 장면을 묘사했고, 아이들은 숨을 죽이며 이야기를 들었다.

내 남편이 지은 이야기는 '방귀쟁이 뽕 대장'이다. 먹성 좋은 한 남자가 주인공으로, 그는 혼자서 멍하니 음식을 먹어대는 것을 좋아한다. 그런데 그 남자는 고구마만 먹었다 하면 아주 커다란 소리로 '뽕' 하고 방귀를 뀐다. 뽕 대장은 자신의 특별한 방귀로 위험에 처한 사람들을 돕기도 한다. 마을에 도둑이 들었을 때, 어린아이를 괴롭히는 사람이 있을 때, 혹은 맹수가 나타났을 때, 이런 위험천만한 상황에서 그는 방귀로 위험을 해결하고 사람들을 구한다.

아빠가 목소리를 죽이고 '음음' 하는 소리를 내면 아이들도 따라서 숨죽이며 기대에 가득 찬 표정으로 아빠를 바라본다. 이어 아빠가 손동작과 함께 '뿌웅!' 하는 소리를 내면서 방귀 뀌는 동작을 하면 아이들이 바닥을 데굴데굴 구르며 웃어댄다. 웃느라 눈물이 찔끔 나올 정도다. 나도 남편과 아이들을 보면서 배가 아플 정도로 웃었다.

왜 이야기를 직접 지어내야 할까? 그 이유 중 하나는 우리 가족에게 속하는, 우리만의 추억을 만들기 위해서다. 우리 집에만 있는 이야기, 이것처럼 부모의 사랑을 잘 보여주는 게 있을까. 또 다른 이유로는 귀로 듣는 이야기가 아이들의 상상력을 넓혀주기 때문이다.

글자와 그림 없이 귀로만 이야기를 들을 때, 사람들은 상상력을 최대한 발휘하여 이야기가 보여주는 세계를 머릿속으로 그리게 된다. 그 순간 머릿속에 현실을 뛰어넘는 어떤 세계가 생겨나는 것이다. 우리는 상상의 세계에서 무한대의 즐거움을 누릴 수 있다. 아무것도 없는 데서 어떤 이야기를 창조할 수 있다면 그 환상의 세계에서 사람들은 서로 영향을 주고받고 공감하며, 그런 과정을 통해 상상의 세계는 점점 넓어진다. 나는 아이들에게 바로 그런 경험을 선물하고 싶었다.

만화나 게임기가 없어도 또 다른 즐거운 놀이법이 있는 것을 알게 되는 것 자체가 아이들에게는 새로운 발견이 아닐까. 무인도에 표류하더라도 아이들은 자신이 만들어낸 허구의 이야기를 가지고 즐겁게 놀이할 수 있다. 서로 웃고 떠들며 심심할 틈 없이 시간을 보낸다.

주변에 아무것도 없더라도 상상력만 움직이면 사람들은 가장 즐겁고 행복한 시간을 만들어낼 수 있다. 상상력이 풍부한 아이는 창조력도 뛰어나다. 이 세상에 새로운 창의성, 참신한 사물을 더해줄 수 있는 아이로 키우려면 전속력으로 움직이는 상상력 훈련이 꼭 필요하다.

# 24

# 국제적 이해력

세계 각국 전통 명절을 즐기는 과정을 통해
아이들이 여러 나라의 문화를 체험하게 한다.


우리 집에서는 최대한 여러 나라의 전통 명절을 온 가족이 함께
축하하려고 한다.

일본과 중국의 명절은 말할 것도 없고, 유럽이나 미국의 명절
도 거의 다 기념하면서 보낸다. 1년 중 명절이 없는 달이 없을 정
도다. 양력설, 음력설, 입춘(콩을 뿌려서 악귀를 쫓는 날), 밸런타
인데이, 히나마쓰리(雛祭り)[5], 부활절, 어린이날, 단오, 어머니날,
아버지날, 핼러윈(Halloween), 추수감사절, 크리스마스 등등….

왜 이렇게 전통 명절을 중시하게 되었을까? 나는 아이들이 자
기 나라의 문화를 더 많이 이해하기를 바랐고, 마찬가지로 다른

---

5  히나마쓰리(雛祭り): 여자아이의 성장을 축하하는 일본의 전통 축제

나라의 문화도 다양하게 체험하기를 바랐다.

어릴 때의 즐거운 경험은 어른이 된 뒤에 행복하고 아름다운 추억으로 남는다. 이런 경험이 있으면 자기 나라는 더 말할 것도 없고, 다른 나라의 문화와 역사에 관해서도 호감을 갖게 된다.

국제사회에서 자기 나라의 전통과 문화를 이해하는 것은 아주 중요한 덕목이다. 만약 단순하게 영어를 할 줄만 알고 그 속에 실질적인 내용이 없다면 아무런 의미도 없다.

"고이노보리(鯉のぼり)는 남자아이가 폭포를 뛰어넘는 잉어처럼 건강하게 성장하기를 기원하는 잉어 깃발이야. 어릴 때 우리 부모님도 나를 위해 고이노보리를 장대에 매달고 남자아이들을 위한 사무라이 인형을 집에다 꾸며주셨어."

"추석에는 달을 보면서 월병을 먹었어."

어릴 때 가족들과 함께 명절들을 함께 보낸 기억이 있기에 어른이 된 뒤 다른 사람에게 이런 설명을 해줄 수 있다.

외국인과 교류할 때도 그들 나라에 어떤 전통문화와 역사적 배경이 있는지를 이해한다면 그들의 생각에 더 공감할 수 있고, 그것이 대화의 핵심이 된다.

"나도 핼러윈 때 변장을 하고 이웃집에 사탕을 얻으러 갔어."

"추수감사절에는 집에서 닭을 구워 먹었어."

이런 이야기를 나누다 보면 대화가 훨씬 활기를 띤다.

나는 아들들이 스스로 세계 각국의 명절의 의미, 전통적인 행사에 담긴 역사적 배경을 찾아보도록 권장했다.

요즘은 세 아들이 다 미국에서 생활하기 때문에 대부분의 명절은 그들과 함께 보내지 못한다. 하지만 아이들은 어릴 적 함께 축하하며 보낸 명절이 다가오면 적어도 그때를 떠올리게 될 것이다.

2015년, 세 아들은 크리스마스 휴일 덕분에 일본으로 잠깐 귀국했다. 집 안에 꾸며진 크리스마스트리를 보더니 아이들의 눈이 휘둥그레졌다.

"와, 내가 옛날에 만든 트리 장식이야."

"저건 아빠랑 같이 꼭대기에 걸었던 거잖아."

그 밖에도 예전에 썼던 고이노보리 깃발, 인형, 기념사진 등을 보면서 아들들은 무척 즐겁게 옛날 추억을 꺼내놓았다. 이것이 바로 문화가 가진 힘이자 부모가 아이에게 줄 수 있는 정신적인 재산이 아닐까.

아이들이 결혼하고 각자의 가정을 꾸린 뒤에도 일본 문화, 중국 문화, 한국 문화 그리고 유럽과 미국의 문화를 계승하며 살기를 바란다.

전통 명절은 아이들에게 자신의 나라를 자랑스럽게 여기게 하고, 자연스럽게 애국심을 기르게 한다. 나는 내 아들들이 이런 문화를 잘 지켜나가기를 희망한다.

# 25

## 공부하는 즐거움

아이에게 부단히 흥미롭고 신선한 정보를
제공해야 한다.

아이들이 초등학교에 입학하기 전, 나는 그들이 공부의 즐거움
을 직접 체험하기를 바랐다. 내가 제일 먼저 사용한 방법은 놀이
를 통해 글자를 익히는 것이었다.

일본어의 히라나가는 외우기 쉬운 글자다. 그래서 우선 히라가
나부터 시작했다. B4 크기의 종이에 커다랗게 'あ(아)'를 쓴다. 글
자 밑에는 조그맣게 개미를 그려 넣었다. 가까이에서 보면 개미가
보인다. 나는 아이들에게 그 종이를 보여주면서 이렇게 말한다.

"이 あ 자는 개미(일본어로 あり)의 あ야."

아이들이 제대로 기억했는지 알고 싶으면 이 종이를 벽에 붙이
고 글자 아래의 개미 그림이 보이지 않을 정도로 멀리 떨어진다.
개미 그림을 보이지 않고 'あ' 자만 보이는 곳에서 아이들에게 저

글자를 어떻게 읽는지 물어본다. 그렇게 놀이를 하듯 아이들이 글자를 기억하는지 확인한다.

만약 아이가 글자를 읽지 못하면 벽 앞으로 달려가게 한다. 그러면 개미 그림을 보고 글자를 읽을 수 있다. 몇 번 반복하다 보면 아이들은 벽 쪽으로 달려가지 않고도 멀리서 글자를 읽을 수 있게 된다. 50개의 히라가나를 이런 놀이를 통해 금세 익힐 수 있었다.

"엄마가 가르쳐준 게 아니라 네가 왔다 갔다 뛰어다니면서 배운 거지!"

이렇게 칭찬도 해준다. 그러면 아이는 자신의 힘으로 무언가를 배웠다는 실제적인 경험을 갖게 되고, 이는 자신감과 보람을 느끼는 원동력이 된다. 우리 집 아이들은 각각 세 살, 두 살 반, 두 살이 되던 때에 히라가나를 다 익혔다. 게다가 이런 과정 전체에서 아이들은 저도 모르게 '나 스스로 공부한다'고 인식하게 되고, '공부란 즐거운 일'이라고 이해하게 됐다.

히라가나를 다 익힌 다음부터 아들들은 나에게 책을 읽어달라고 조를 필요가 없어졌다. 자기들이 좋아하는 책을 직접 읽을 수 있게 된 것이다. 아이들은 자기 뜻대로 책을 읽을 수 있게 되자 무척 신이 났다.

그때 우리가 자주 하던 놀이가 있다. 잡지나 신문을 펼쳐놓고 글자를 찾는 놀이다. 히라가나 'う(우)' 자를 찾기로 했다면 제일

먼저 그 글자를 찾는 사람이 이기는 것이다. 부모와 아이가 같이 잔뜩 흥분해 놀이에 참여한다. 놀이를 통해 아들들은 점점 더 많은 글자를 익힐 수 있었다. 가타카나와 영어, 한자 등도 똑같은 방법으로 금세 배웠다.

아이들은 새로운 것을 배우는 순간 눈에서 빛이 난다. 나는 그 모습을 지금까지 잊을 수가 없다. 마치 머릿속의 전구에 반짝하고 불이 켜지는 것처럼, 아이들의 표정도 순간적으로 생명력이 넘치고 빛난다. 새로운 사실을 배우는 것은 대뇌에게 성대한 잔칫상을 차려주는 일이고, 대뇌에 비타민을 보충해주는 것과 같다. 아이에게 부단히 흥미롭고 신선한 정보를 제공할 수 있다면, 아이들은 공부의 즐거움이 어디 있는지 금방 깨우치게 될 것이다.

# 26

# 건강한 육체

당분의 과다 섭취를 막기 위해 아이들에게
음료수를 마시지 못하게 했다.

식육(食育)<sup>6</sup>은 아이의 몸과 지력(智力), 감성의 발달과 아주 밀
접한 관계가 있다.

나는 어머니에게서 약이 되는 보양 요리법인 중국식 약선(湿
膳) 요리 이론을 배워 나의 가정에서도 그 이론을 실천했다. 우선
세 아들의 체질을 자세히 관찰한 다음 아이들의 체질에 맞는 음식
을 먹이는 것이다.

사람의 체질은 열한(热寒), 실허(实虛), 조습(燥湿) 세 가지로

---

6 식육(食育): 일본 메이지 유신 시기의 유명한 의사이자 영양학자인 이시즈카 사겐[石塚
左玄]이 만들어낸 용어. 배부르게 먹는 것이 아니라 잘 먹는 것을 가르쳐야 하며, 건전
한 식생활 문화를 만드는 길이라고 주장했다. '식육'은 그런 식생활을 위한 교육을 가리
킨다.

나뉜다. 예를 들어 나의 체질은 몸이 차고(하) 체내의 에너지가 부족하고(허) 건조한(조) 체질이고, 남편은 열이 많고(열), 체내에 에너지가 많이 쌓였고(실), 몸이 잘 붓는(습) 체질이다.

약선 요리 이론의 기본은 자신의 체질에서 부족한 부분을 음식을 통해 보충하는 것이다. 약선을 직역하자면 치료한다는 뜻의 약(藥)과 반찬의 뜻인 선(膳)으로, 음식이 곧 약이라는 말이다. 약선 요리는 일반 요리에 비해 조리 시간이 더 걸려 피곤하지만, 아이들에게 영양소가 골고루 들어 있는 식품을 먹이려고 생각했다. 그래서 매일 아이들에게 '오색오미(五色五味)'[7]에 맞춘 요리를 해주었다. 기본적으로는 냉동식품과 즉석식품을 먹이지 않고, 신선하고 안전한 요리 재료를 사용하는 것이다. 굽고, 찌고, 볶고, 끓이고, 부치는 등 조리 방법도 다양하게 하려고 애썼다. 음식의 종류도 가능한 한 풍부하게 하려 했다. 사실상 일본의 전통 요리도 기본적으로는 '오색오미'에 기반하고 있어서 약선 요리 이론을 응용하지 않더라도 즉석식품 등에 너무 의존하지 않고 가정에서 일본 요리를 제대로 해먹이기만 해도 '식육'의 목적은 달성된다고 하겠다.

중요한 것은 서양 요리를 적게 먹이는 것이다. 가능한 한 아이

---

7 오색오미(五色五味): 원래는 음양오행설을 기반으로 한다. '오색'은 백, 황, 적, 청, 흑의 다섯 가지 식재류 색깔을 가리키고, '오미'는 달고, 시고, 맵고, 쓰고, 짠 다섯 가지 맛을 가리킨다. 오색오미는 각각 인간의 다섯 가지 체내 장기를 보호한다고 여겨진다.

들에게 직접 음식을 만들어주는 것이 좋다. 이것이 가장 중요한 핵심이다.

게다가 나는 아이들에게 시중에 나오는 음료수를 일체 마시지 못하게 했다. 당분이 높은 음료수는 어린아이의 몸에 당분 과다 반응을 일으킨다. 갑자기 혈당이 치솟으면 인슐린이 과다 분비되고, 당분을 분해하기 위한 이런 신체의 반응 때문에 아이들은 기분이 좋아지고 힘이 넘치는 느낌을 받는다. 그러나 당분은 금방 분해되어 사라진다. 그러면 몸은 계속해서 이와 같은 고양된 상태를 유지하기 위해 더 많은 당분을 요구한다. 그 때문에 아이들이 당분을 대량 섭취하면 비만의 원인이 된다. 인슐린 분비 체계가 흐트러져 당뇨병이 나타날 가능성도 커진다.

'당분 과다' 이후의 저하 상태도 문제다. 어린아이는 체내 당분이 높아지면 이상할 정도로 활발해지고 제대로 집중하지 못한다. 잘 진정하지 못하는 것이다.

반대로 당분이 저하되면 아이들은 급속히 우울해지고 울거나 보채곤 한다. 이런 순환 과정이 반복되면 아이는 물론, 어른들도 스트레스를 받을 수 있다. 게다가 정서가 불안정한 아이는 놀이나 공부에서도 산만하고 흥미를 느끼지 못하며, 친구들과의 관계도 원만하지 못하다. 그래서 나는 아이들에게 절대로 달콤한 음료수를 먹이지 않았다. 과일 주스도 가능한 한 마시지 못하게 했고, 신선한 과일을 대신 먹였다.

왜 절대로 음료수를 마시지 못하게 하는지에 대해서는 아이들이 어렸을 때부터 상세하게 그 이유를 설명해주었다. 아이들은 금방 이해했고, 내가 함께 있지 않을 때도 결코 음료수를 마시지 않았다. 지금까지도 아들들은 차나 물만 마신다. 또한 자기 스스로 약선 요리 등 건강한 음식에 대한 지식을 찾아 공부하면서 체질에 알맞고 건강한 식생활을 하려고 노력한다. 나의 어머니는 늘 이렇게 말씀하셨다.

"너는 네가 먹는 음식으로 만들어지는 거란다. 그러니 무엇이든 먹기 전에 잘 생각해보고 나서 먹어야 한다."

나는 어머니의 가르침에 공감했고, 아이들을 기르는 동안 어머니가 가르쳐주신 전통적인 지혜와 과학적인 근거를 지키기 위해 노력했다.

# 27

## 판단력

아이가 독립적으로 사고할 수 있도록
가르치는 것이 필요하다.

아들들이 아주 어렸을 때부터 나는 자주 아이들에게 문제를 냈다. 예를 들면, 아이스크림을 살 때, 나는 일부러 아이들에게 이렇게 묻는다.

"어떤 맛이 좋을까? 엄마는 뭘 골라야 할지 모르겠네."

그러면 아이들이 이렇게 대답할 때가 있다.

"모르겠어요."

그러면 나는 이렇게 다시 묻는다.

"지난번에는 초콜릿 맛을 샀지? 그전에는 딸기 맛을 샀어. 오늘은 뭘 사면 좋을까?"

이 정도로 질문하면 아이들은 대개 자기 생각을 이야기한다. 아이가 다음과 같이 대답한다고 가정해보자.

"그럼 이번에는 오렌지 맛을 사면 어때요?"

그러면 나는 이렇게 다시 묻는다.

"왜일까?"

아마 아이들은 어린아이들 특유의 귀여운 대답을 내놓을 것이다.

"색깔이 저번과 다르니까요."

"전에 먹어본 적이 없으니까요."

이어서, 나는 아이들의 의견을 수용하고 칭찬한다.

"멋진 생각이야! 엄마도 오렌지 맛 아이스크림은 먹어본 적이 없는데, 훌륭해!"

아주 기뻐하는 모습을 보여주면서 아이의 생각을 치켜세운다. 만약 자신의 의견이 다른 사람을 도와주었다거나 도움이 되었다고 느끼게 된다면, 아이들은 머리를 써서 생각하고 자기 생각을 이야기하는 것이 좋은 일이라고 인식하게 된다.

그저 어른의 의견에 찬성하거나 반대하기만 하는 것으로는 아이들이 독립적으로 사고하는 능력을 기를 수 없다. 귀찮더라도 평소에 자주 아이들에게 의견을 묻고 사고할 수 있는 명제를 던져줘야 한다. 그래야 아이들도 자신의 머릿속에서 생각을 정리할 수 있다. 중요한 것은 아이들이 어릴 때부터 이런 연습을 쉼 없이 반복해야 한다는 점이다. 아이들이 스스로 사고하는 습관을 기르면 자기 의견을 제시하는 데도 훨씬 자신감을 갖게 된다.

자신의 머리로 생각하고 상황을 판단하고 독립적으로 선택과 결정을 내리고, 마지막에는 결과에 책임을 지는 전 과정을 계속 경험하는 것은 아이들이 정확한 판단을 할 수 있게 하는 중요한 훈련이다.

큰아들은 고등학교 입학시험에서 미국의 여러 명문 고등학교에 동시에 합격했다.

"어느 학교에 갈 건지 스스로 생각하고 선택하렴."

남편은 선택권을 온전히 아들에게 주었다. 결과적으로 큰아들은 미국 고등학교 순위 3위 안에 드는 학교들을 다 제치고 8위의 대처고등학교를 선택했다. 그 고등학교에 승마와 야영 커리큘럼이 있기 때문이었다. 큰아들은 그런 커리큘럼이 자신의 인생에 더 다양한 경험을 제공할 것이라고 생각했다.

'교육 엄마'로서 나는 이런 이유를 듣고 깜짝 놀라지 않을 수 없었다. 사실 나는 아들이 고등학교 순위 1위인 학교에 가기를 내심 바라고 있었기 때문이다. 하지만 나는 아들의 의견을 존중했고 아이가 그 학교에서 공부하는 것에 동의했다.

그 후 이 결정이 옳았다는 것이 증명됐다. 말을 돌보고 승마 훈련을 하고, 산과 바다에서 엄혹한 야영 생활을 하는 경험을 통해 아들은 더욱 굳세고 건장하게 성장했다. 처음에 우려했던 부분인

성적 관리도 소홀히 하지 않아서 스탠퍼드대학교에 성공적으로
입학했다.

지금 큰아들은 종종 아주 자신 있게 당시의 결정에 대해 이렇게
말하곤 한다.

"아무렇게나 결정한 게 아니에요. 그때 나는 이 학교가 정말 훌
륭하다고 믿고 있었어요. 그래서 선택한 거라고요."

자신의 머리로 생각하고 결정하고 책임지도록 아이가 어릴 때
부터 부단히 훈련을 계속해야 한다. 이는 성장해서도 중대한 결정
을 해야 할 때마다 더욱 빛을 발할 것이다.

# 28

# 문제 제기 능력

자주 질문하는 아이는 생각이 빈틈없고
더 다양한 지식을 얻는다.

"뭔가 잘 모르는 게 있으면 그게 무엇이든지 다 엄마한테 물어
봐라."

나는 늘 이렇게 아이들에게 말했다. 공부하다가 모르는 문제가
나오는 것은 아주 정상적이다. 하지만 자기가 풀지 못한다는 것을
잘 알면서도 침묵하는 것은 절대 좋지 않다.

'부끄러워서 질문하지 못했다'라고 한다면 이 얼마나 안타까운 일
인가. 자기가 잘 이해하지 못하는 부분이 나왔는데 정확한 답을 알
기회를 놓쳐버린 것이다. 그러나 학교에서는 선생님에 따라 아이들
의 질문에 대답해줄 만한 시간이 없다는 느낌을 주는 사람도 있다.
이와 비슷한 상황을 마주치면 나는 아이들에게 이렇게 말한다.

"그러면 이해가 되지 않는 부분을 따로 적어둬. 나중에 다른 선

생님이나 친구, 엄마에게 물어봐도 좋고, 네가 직접 인터넷에서 검색해도 좋아."

어쨌든, 아이들에게 궁금하거나 이해되지 않는 것이 있으면 반드시 의문을 풀어야 한다고 가르쳤다. 풀지 못하는 문제를 그냥 넘어가면 다음 단계로 넘어갈 수 없다. 수업 내용도 더 깊이 이해할 수 없게 된다. 얼마 지나지 않아 아이는 자기 자신에게 '나는 이 과목에는 재능이 없어.'라는 암시를 보내게 되고, 그 과목 자체를 싫어하게 된다. 악순환인 것이다. 나는 아이들이 가능한 한 모든 과목에 고르게 흥미를 보이기를 바랐다. 그리고 즐겁게 공부하기를 기대했다. 그래서 나는 늘 아이들에게 철저하게 질문하는 습관을 기르도록 가르쳤다.

아이들이 나에게 무엇을 질문하든지, 나는 제일 먼저 이렇게 말해준다.

"좋은 질문이야!"

어떤 질문도 소홀하게 대하거나 별것 아니라는 태도를 보이지 않는다. 우선 칭찬부터 하고 시작해야 아이들이 질문하는 것이 좋은 일이라고 생각하게 된다.

이어서 아이와 함께 답을 찾는다. 어떨 때는 곧바로 대답할 수 없는 질문도 있다.

"엄마, 바닷물은 왜 짜요?"

"사람은 왜 죽어요?"

명확하게 대답하기 어려울 때도 아이들에게 진지하게 이야기한다.

"엄마도 그건 잘 모르겠어. 우리 같이 생각해보자."

질문을 하면 엄마가 좋아한다는 것을 보여줘야 한다. 어른들이 아이의 질문에 흥미를 표시한 다음 해답을 함께 찾는 것이다. 아이들은 이런 실제적인 경험을 많이 할수록 더 자주 질문을 하게 된다.

부모에게 질문을 한 다음 '지금은 바쁘니까 나중에 하자.' 혹은 '그것도 몰라?' 같은 대답을 듣게 된다면 아이는 점점 더 질문하지 않게 된다.

세 아들을 돌보는 것은 결코 쉬운 일이 아니다. 남자아이들의 경우는 더 그렇다. 그뿐만 아니라 매일 세 끼 식사를 준비하는 것은 정말 힘든 일이다. 하지만 아이들은 궁금한 것이 있으면 기다리지 않는다. 많은 경우, 내가 부엌에서 요리를 하고 있을 때 뛰어와서 질문한다.

"엄마, 엄마, 이건 왜 이래요?"

나도 마음속으로는 얼른 요리를 끝마치고 싶다. 하지만 절대로 '좀 기다려, 엄마는 지금 바빠.' 같은 대답을 하지 않았다. 그런 상황이면 가스레인지의 불을 끄고 아이 질문에 먼저 귀를 기울였다.

아이에게 대답해준 뒤에야 다시 요리를 했다. 오히려 나는 아이들이 자발적으로 질문하는 것이 매우 고마웠다.

자주 질문하는 아이는 생각이 빈틈없고 더 다양한 지식을 얻는다. 그러니 부모가 아무리 바빠도 절대 아이의 질문을 귀찮게 여겨서는 안 된다. 아이의 질문을 받으면 진지하고 열성적인 태도로 대답해주기 바란다. 나아가 자녀 스스로 생각해야만 답을 알아낼 수 있는 질문을 던지는 것만으로도 지능을 계발시킬 수 있다. 질문을 많이 할 수 있는 환경을 만들어주면 나중엔 아이 스스로 좋은 질문을 하는 법을 깨우치게 된다. 이런 아이가 미래에 좋은 리더가 될 수 있다.

# 29

## 경청하고 의견을
## 전달하는 능력

아이를 대화에 동참시켜야 다른 사람의 말을
경청하고 소통하는 능력을 키울 수 있다.

어른들이 대화할 때 아이가 바로 옆에 있는데 완전히 무시하고 어른들끼리만 대화하는 모습을 자주 본다.

어쩌면 우리나라에는 어른들이 대화할 때 어린아이는 절대 끼어들지 못하는 풍조가 있는 것 같다. 하지만 만약 나라면, 아이가 옆에 있다면 적극적으로 아이를 어른들의 대화에 끼워줄 것이다. 그것은 아이들에게 경청하는 능력을 키워주기 때문이다.

만약 아이가 주변 사람의 대화에 자신이 아무런 관계도 없다고 생각하게 되면 자신의 귀를 닫아버린다. 이게 습관이 되면 수업시간에도 중요한 이야기를 들을 때도 듣기 싫으면 자동으로 자기 귀를 닫아버리는 일이 생긴다.

나는 다른 사람의 일에도 관심 있게 귀를 기울이며 대화에 참여할 수 있는 아이로 키우려고 애썼다. 그래서 아들이 어릴 때부터 한자리에 있을 때는 반드시 아이들을 어른들의 대화에도 참여시켰다. 아이들에게는 잘 이해되지 않는 화제라도 가능한 한 쉽게 설명해주면서 아이들도 대화를 이해할 수 있도록 이끌었다.

예를 들어 가족들이 뉴스를 보고 있을 때, 내가 아이에게 묻는다.

"저 문제에 대해 어떻게 생각하니?"

그러면 아이들은 뉴스를 볼 때 귀를 쫑긋 세우고 관심 있게 듣게 된다. 만약 아이들이 자기 의견을 말할 수 있다고 생각한다면, 아이들은 그 속의 내용을 이해하려고 노력하게 될 것이다. 시간이 길어지면 난민에 대한 뉴스 보도를 보고 내가 '정말 힘들겠구나.'라고 말할 때, 아이도 옆에서 '뭔가 먹을 것을 보내줘야겠어요.'라고 대답하게 될 것이다. 전쟁이 일어났다는 뉴스를 볼 때는 아이들도 화면을 보면서 "너무해, 저러면 안 되는 거잖아." 같은 말을 한 적도 있다.


비록 다들 한 식탁에 둘러앉아 있더라도 아빠는 신문을 보고 엄마는 텔레비전을 보고 아이는 만화를 보거나 게임기로 게임을 한다면 거기에 무슨 즐거움이 있겠는가. 아빠가 '요즘 일이 참 바빠.'라고 말하고, 엄마는 아이들에게 '최근 이런 문제로 너무 힘들어.' 같은 이야기를 한다면 또 어떨까? 즐거운 일이 있을 때는 함께 웃고, 슬프거나 힘든 일이 있을 때도 아이들과 이야기 나누면서 함께 나눠야 한다. 아이를 너무 아이로만 대하지 말고 한 사람의 독립된 개체로 보고 어른들의 대화에도 아이를 참여시켜야 한다. 나는 늘 이렇게 해왔다.

엄마의 친구들 모임에 아이도 데리고 나왔다면 나는 절대로 아이에게 '저리 가서 놀렴'이라고 말하지 않는다. 오히려 아이에게 '지금 이런 이야기를 하고 있는데 넌 어떻게 생각하니?' 하고 묻는다. 그러면 아이가 생각지도 못한 독특한 아이디어를 내놓아서 우리를 크게 웃기기도 한다. 이런 일이 얼마나 많았는지 모른다.

아들이 초등학교 고학년이 되었을 때 무슨 화제든 아이들은 평등하게 어른들의 토론에 참여할 수 있게 됐다. 아이들은 어린아이 특유의 자유롭고도 흥미로운 의견을 제시했고, 어떨 때는 나도 그들과 대화하는 데 푹 빠질 때가 있었다.

경청할 줄 아는 아이는 머리가 좋다고 한다. 그렇다면 어떻게 경청하는 능력을 키울 것인가? 첫 단계가 바로 어른들의 대화에 아이들을 참여시키는 것이다. 물론 어휘력의 부족으로 아이들이 알아들을 수 있는 단어에는 한계가 있겠지만, 일상 속에서 꾸준히 듣다 보면 어느 순간 아이들은 그 의미를 깨닫게 될 것이다.

현재 아이들이 집에 돌아오면 우리 가족은 정치, 경제, 종교 등 다양한 화제로 대화를 나눈다. 종종 이런 토론으로 밤을 새우기도 한다. 아이들의 화제는 풍부하고도 흥미로워서 시간이 부족하다고 느낄 때도 많다. 아이들이 어릴 때부터 일상 속에서 대화하고 토론하는 훈련하는 습관이 길러져 언어능력과 논리력이 함께 상승하게 된 것이다.

## 다르게 생각하는 사람

포드사의 엔지니어들은 대부분 명문대 출신의 엘리트들이다. 그런데 하루는 이들이 매우 어려운 문제에 봉착했다. 새로 개발한 모터의 고장 원인을 찾아내지 못한 것이다. 자체적으로 이 문제를 해결하지 못한 그들은 할 수 없이 당시 최고 전기공학자인 찰스 스타인메츠(Charles Steinmetz)를 찾아갔다. 스타인메츠는 모터를 살펴본 뒤 이렇게 말했다.

"이 선이 끊어졌군요. 다시 연결하면 괜찮을 겁니다."

엔지니어들이 그의 말대로 선을 연결하자 모터는 곧바로 작동하기 시작했다. 그 후 포드사의 엔지니어들은 스타인메츠의 청구서를 보고 깜짝 놀랐다. 수리비가 무려 1만 달러나 되는 게 아닌가. 겨우 선 하나 그려 넣고 1만 달러를 청구하다니, 있을 수 없는 일이었다. 그러나 스타인메츠는 아무런 말도 하지 않고. 조용히 펜을 들어 청구서 위에 이렇게 적었다.

"선을 그린 가격 1달러. 어디를 고쳐야 하는지 아는 것에 대한 가격 9,999달러."

# 30

# 관찰력,
# 먼저 '보고'하기

가족끼리 서로 오늘 있었던 일을 보고한다면
아이들은 더욱 신중하고 주의 깊게 행동할 것이다.

나는 모든 부모가 공통된 바람을 갖고 있으리라 생각한다. 자
식의 하루에 어떤 일이 벌어지는지 자세히 알고 싶다는 바람 말이
다. 하지만 대부분의 경우에 아이는 그런 일을 먼저 나서서 이야
기하려고 하지 않는다. 그래서 나는 내가 먼저 아이들에게 하루
동안 무슨 일을 했는지 '보고'했다.

"오늘 엄마는 텔레비전 방송국에 갔었어. 프로그램에서 아주
맛있는 딸기를 소개했단다. 그래서 집에도 딸기를 가져왔지. 하나
먹어보렴."

이런 식으로 매일 내가 무슨 일을 했는지를 아이들에게 이야기
해준다. 그러다 보면 아이들도 점차 자기가 하루 동안 겪은 일 중
에서 가장 인상 깊은 일을 나에게 들려주게 된다.

아이의 하루를 파악하는 일을 통해 아이가 요즘 외로운지 즐거운지 이해할 수 있고, 아이와 함께 즐거워하거나 아이를 위로해줄 수 있다. 그 밖에 서로 일정과 생활을 알려주는 습관을 기르면 서로의 믿음도 더욱 깊어진다.

게다가 사실상 이런 '보고' 습관은 아이들의 공부 습관에도 상당한 도움이 된다. 보고할 때, 아이들도 자신의 하루를 되돌아보게 된다. 그날 하루 있었던 일을 회상하고, 간략하게 정리해서 이야기하는 과정을 계속하다 보면 나중에 리포트를 쓰는 일에 대비하는 좋은 연습이 된다.

매일 일과 보고를 위해 대화할 소재를 생각하는 것은 아이들에게 주변 환경에 대해 더 신중하고 관심을 쏟게 하는 것이다.

"오늘은 풀잎 위에서 조그만 청개구리를 찾아냈어요."

"학교에서 청소하는 아주머니와 이야기를 나눴어요."

평소 생활 속에서 소홀히 지나치게 되는 작은 일들이 기억 속에서 생생하게 각인된다. 저도 모르는 사이에 관찰력을 기르게 되는 것이다. 이런 감성과 감각을 기르면 나중에 글을 쓸 때 혹은 자신의 의견을 표현할 때 큰 도움이 된다. 이야기할 때도 더 풍부하고 재미있게 표현하는 사람으로 성장하게 된다.

부모가 그저 일방적으로 아이에게 하루의 일과를 묻는다면 어떨까?

"오늘은 어땠어?"

"무슨 일이 있었니?"

아이의 대답도 간단하고 늘 비슷할 수밖에 없다.

"별거 없어요."

"그냥 그래요."

그렇게 자신의 기억을 닫아버리는 것이다. 소통의 비결은 부모가 먼저 자신의 일상을 아이에게 들려주는 것이다. 우리 집에서는 절대로 '별거 없어요.' 같은 대답은 나오지 않는다. 나는 아이들 입에서 그날 있었던 사소한 일들을 이끌어낸다. 만약 다른 사람의 이야기를 끌어내려면 내가 먼저 입을 여는 것이 중요하다. 이렇게 서로 토론하고 대화하는 일은 정말로 즐겁고 유쾌하다. 나는 지금도 그때를 행복하게 기억하고 있다.

# 31

## 유머 감각

유머 감각이 없는 사람은 여유가 없어 보인다.

나는 아들을 유머 감각이 있는 사람으로 키우려 애썼다. 아이들에게 많은 웃음을 선사하고 싶었고, 아이들이 살아간다는 것이 얼마나 멋지고 행복한지 매일 느끼게 해주고 싶었다.

아이들이 철이 든 후, 나는 일부러 아이들에게 농담을 하기 시작했다.

아들에게 사과를 하나 건네주면서 이렇게 말하는 것이다.

"바나나 참 맛있어 보인다, 그치?"

그러면 아들이 내가 잘못 말했다고 알려준다.

"엄마, 이건 사과예요."

"밥 먹으렴." 하고 말하면서 국수를 내밀기도 한다. 그러면 아들이 "엄마, 또 잘못 말했어요."라고 대답한다. 이런 일이 몇 번 반복되자 엄마가 농담을 하고 있다는 것을 아들도 알게 됐고, 그 뒤로는 아이가 나한테 비슷한 농담을 던지기 시작했다.

어느 날 아들이 나에게 바나나를 주면서 이렇게 말한 적이 있다.

"엄마, 자요. 여기 사과예요."

그 순간 나와 아들은 서로 마주 보면서 크게 웃음을 터뜨렸다.

이처럼 매일 일상생활에서 아이와 조그만 유머를 주고받는 것은 자연스럽게 아이들에게 유머 감각을 길러주고 '재미있는 일을 하고 싶다', '다른 사람을 웃겨주고 싶다'는 생각을 하게 한다.

내 남편은 해학적인 짧은 이야기에 특별한 재능을 가진 사람이다. 그는 주변 사람들을 늘 웃게 만든다.

오랫동안 차를 타고 이동해야 할 때, 우리 가족은 끝말잇기 놀이를 자주 하는데, 단순히 끝말잇기를 하면 너무 재미없다고 해서 우리는 약간의 제한을 둔다. 예를 들면 '예쁜 물건만 말하기', '더러운 물건만 말하기', '냄새 나는 물건만 말하기' 같은 제한이다. 이렇게 제한을 두고서 끝말잇기를 하면 폭소가 끊이지 않는다. 이런 방법은 대뇌 훈련의 한 방법이기도 하다.

노래 가사를 바꿔 부르는 것이나 이상한 목소리로 노래를 불러 녹음한 뒤 식구들이 다 같이 모여서 듣는 것도 그렇다. '웃음'이란 우리 가족의 육아 과정에서 절대 없어서는 안 될 중요한 부분이었다. 저녁 식사 시간에는 반드시 텔레비전을 끄고 맛있는 음식을 즐기면서 서로 하루 동안 있었던 일을 들려준다. 그 시간에 나는 수수께끼 맞추기 프로그램에서 알게 된 재미있는 지식을 들려주거나 손과 발을 휘저으며 그날 있었던 일을 재현하기도 한다. 이렇게 유머를 통해 아이들과 소통했다.

미국에서는 유머 감각이 없는 사람은 마음이 여유롭지 못한 사람이라고 여긴다. 어떤 조사 결과에 따르면, 싱글 여성에게 결혼하고 싶은 남자의 조건을 물었을 때 가장 많은 답변이 바로 '유머러스한 남자'였다. 미국에서는 학력이나 경제력에 비해 유머 감각이 가장 중요한 개성으로 여겨지는 것이다. 미국 대통령의 연설, 교장 선생님 말씀에도 꼭 유머라는 요소가 들어 있다. 그렇지 않으면 그 사람은 충분히 여유가 있고 진정성 있다는 느낌을 주지 못한다.

우리 세 아들은 아주 자연스럽게 유머 감각을 갖추게 됐다. 그들이 미국 문화에 쉽게 융화된 것도 바로 그 덕택이다. 원래 우리 아들의 성격은 셋 다 진지한 편이었다. 하지만 어려서부터 적잖게 유머의 씨앗을 심어두었기에 언제든지 웃을 준비가 되어 있었다. 나는 아들들의 웃는 얼굴은 가족끼리 즐겁고 행복하게 웃었던 기억에서 출발한다고 믿는다.

# 32

# 자제력

고등학교에 입학하기 전까지는
대뇌가 크게 발달하는 시기다.

아이가 고등학생이 되기 전까지, 나는 기본적으로 컴퓨터 게임이나 만화를 금지했다. 그 시기는 대뇌 발달이 활발하게 진행되는 시기로, 아이들이 상상력을 확장하는 놀이를 하거나 책을 읽고 전신 운동을 더 많이 하기를 바랐다. 특히 일본의 전자 게임은 자극적이고 재미있어서 누구나 한번 해보면 손에서 놓지 못하는 경우가 많았다. 오락성이 확실히 강해서 아이들이 한번 시작하면 몇 시간이고 계속해서 게임을 하는 등 중독된 것처럼 빠져들었다.

대뇌 발달의 가장 중요한 시기에 나는 아이들이 대뇌를 사용하는 하나의 방식에만 심하게 편중되는 것을 바라지 않았다. 비록 컴퓨터 게임을 하지 않더라도 현실 세계에선 재미있는 일이 훨씬 더 많다. 나는 이런 이야기를 자주 아이들에게 들려주었다.

만화는 그림과 문자의 조합으로 구성되어 있다. 문자만 있는 읽을거리는 아이들이 상상력을 최대한 발휘할 수 있게 하고, 더 나아가 자신의 머릿속에 하나의 세계를 창조하게 한다. 다른 면에서 만화는 아주 훌륭한 문화지만 회화의 특정한 매력에 치우쳐 있는 것도 사실이다. 나는 개인적으로 아이들이 독서를 통해 상상력을 계발하는 훈련을 할 수 있는 편이 더 좋다고 생각한다.

컴퓨터 게임과 만화는 확실히 재미있다. 그러나 그만큼 중독성도 강해서 한번 그 속에 빠지면 허구의 세계 속에서 쉽게 빠져나오기 힘들다.

컴퓨터 게임 중 자극적인 화면을 쉼 없이 접하면 아이는 보통의 현실 생활에서는 만족을 느끼지 못할 수도 있다. 어떤 아이들은 만화의 세계에 푹 빠져 허구와 현실의 거대한 차이로 인해 고통스러워하기도 한다. 물론, 모든 아이가 그 속에 빠져버린다는 말은 아니다. 하지만 기본적으로는 컴퓨터 게임이나 만화는 아이가 고등학생이 된 뒤, 즉 일정 정도 자신의 행동을 통제할 수 있을 때 접하게 하더라도 늦지 않다는 뜻이다. 나는 이런 생각을 아들들과 여러 차례 심도 있게 소통했고, 그 결과 '금지령'을 내릴 수 있었다.

"컴퓨터 게임과 만화를 금지하면 아이가 학교에서 다른 친구들과 말이 통하지 않을 겁니다."

이렇게 걱정하는 부모가 있을 것이다. 그러나 적어도 우리 집 아이들에게는 그런 문제가 전혀 벌어지지 않았다. 세 아들은 다 컴퓨터 게임을 하지 않고 만화를 보지 않았지만, 많은 친구를 사귀었고 다른 사람들에게 이상한 시선을 받은 적도 없다.

컴퓨터 게임이나 만화 같은 것보다 아이들에게 흥미로운 놀이를 알려주고 재미있는 책을 주는 것이 더 좋다. 우리 가족은 전부 야외로 나가 노는 것을 좋아한다. 낚시나 소풍 같은 단거리 여행도 자주 갔다. 아이들은 초등학생 때부터 아무런 장난감이나 놀이 도구가 필요하지 않았다. 나는 아이들과 함께 숲에서 보물찾기를 하거나 수수께끼를 풀고 끝말잇기를 했다. 간단한 마술을 가르쳐주기도 했다. 부모와 자식 사이의 이러한 상호 활동은 무척이나 즐겁고 행복한 기억이다. 아이들이 중학교에 들어간 뒤로는 그저 책, 책이었다. 세 아들은 텔레비전에는 거의 관심이 없었고 오로지 책 읽기만 좋아했다. 책을 어찌나 좋아했는지 '책벌레'라는 별명이 붙을 정도였다. 부모의 노력 역시 중요하다. 나는 아이들이 숙제하는 동안 TV를 보거나 다른 오락거리를 한 적이 거의 없다. 자녀가 공부에 집중하기를 바란다면 부모도 같이해야 하는 건 당연한 일이다.

# 33

## 임기응변 능력

매일 적절한 긴장 상태로 보내면
아이의 대뇌가 활성화된다.

이런 말을 자주 듣는다. 아이는 어릴 때부터 정해진 시간에 일어나고 잠자리에 들도록 해야 한다. 공부도 정해진 시간에 규칙적으로 하는 것이 좋다. 이 말의 의미는 정해진 시간에 정해진 행동을 하는 것이 생활 습관, 학습 습관을 기르는 데 도움이 된다는 뜻이다.

하지만 나는 이제껏 그런 데 신경을 쓰지 않았다. 잠자리에 드는 시간이나 일어나는 시간은 아이의 몸 상태에 따라 달라져야 한다고 본다. 공부도 숙제를 다 했다고 해서 끝나는 게 아니다. 공부란 평생 계속해야 하는 일이기 때문이다. 나는 아이들에게 '숙제하고, 예습 복습을 다 했으면 놀아도 돼.'라고 말한 적이 없다. 오히려 '공부는 일상적인 일'이라고 강조했다.

예를 들어 보자. 비는 왜 내릴까? 비의 원리를 공부할 때, 바깥에서 비가 내리기 시작한다면 나는 당장 아이들에게 숙제하던 손을 멈추라고 한 뒤 바깥으로 데리고 나간다.

"얼른 비옷 입고, 장화 신고, 밖에 나가자!"

그런 다음 빗줄기가 땅을 두드리는 소리를 듣고 작은 빗물 웅덩이들 사이를 폴짝폴짝 뛰어본다. 배수구에 쌓인 낙엽을 싹 치우기도 하고, 공원에서 달팽이를 찾는다…. 이런 보잘것없고 공부와는 관련 없어 보이는 일을 하고 나면 아이들은 어째서인지 비가 내리는 것에 대해 깊은 호기심을 보인다.

"바로 이거야!"

마치 보물을 찾아낸 사람처럼, 아이들은 세계의 강우량을 표시한 지도를 뒤적이거나 가뭄 지역의 사진을 찾아 살펴본다. 그러다 보면 어느새 저녁 먹을 시간이다. 숙제나 예습, 복습은 당연히 저녁 식사 이후로 미뤄진다. 하지만 이때 아이들의 머릿속에서 비와 관련된 지식은 숙제를 비롯한 어떤 일보다도 흥미롭고 관심이 가는 일이다. 그것이야말로 진정한 학습이라고 생각한다.

"이 시간은 공부하는 시간이야. 공부 시간이 지난 다음에는 놀아도 돼."

이런 말은 아이에게 잘못된 관념을 심어준다. 그래서 우리 집에서는 아이가 식탁에 앉는 시각이 매일 달라도 전혀 상관하지 않았다. 저녁쯤 아이의 친구가 놀러 오면 나는 잘 대접해주고 아이들이 충분히 놀 수 있게 해준다. 그날이 마침 우리 집에서 정기적으로 열리는 '만두 빚기 대회' 날이라면 친구도 함께 만두를 빚고 함께 먹으면서 즐거운 시간을 보낸다.

정해진 기한 내에 숙제를 제출하는 것은 아들들의 책임이다. 친구와 놀거나 집안 행사에 참여하는 등 매일 다른 사정과 일이 생기지만, 숙제하고 공부하는 시간은 아이들이 스스로 판단해서 시간 배분을 해야 한다. 그게 우리 집의 원칙이다.

나는 아이들에게 늘 이렇게 가르쳤다.

"숙제하느라 너무 늦게 자지 마. 그렇다고 숙제를 대충 해서도 안 돼. 그렇지만 공부란 너희들이 스스로 하는 거야. 언제 어떻게 공부할지는 너희가 책임지고 결정하고, 결정했으면 그걸 실천해야 해. 그게 당연한 거야."

인생에서는 다양한 일이 벌어진다. 주변의 상황에 따라 적절하게 자신이 해야 할 일을 잘 안배하는 사람은 삶에서 어떠한 기회도 놓치지 않고, 갑작스럽게 곤란한 상황에 처해도 해결할 수 있다. 반대로 반드시 해야 할 일을 예상과 달라진 상황에서 제대로 임기응변하지 못하는 사람은 작은 변화만 생겨도 당황하고, 중요한 기회가 왔을 때도 기회를 잡지 못한다.

매일 매일 다른 생활, 적절한 긴장이 있는 생활을 하려면 자기 스스로 머리를 써서 생각해야 한다. 아이의 대뇌를 활성화하려면 아이들의 일과가 매일 변화 없이 규칙적으로 돌아가는 것보다는 매일의 생활이 조금씩 달라지고 적절한 수준에서 생활의 자극을 주는 편이 훨씬 더 효과적이다.

밀고 당기는 긴장감이 있고 신선함으로 가득한 하루하루는 아이의 대뇌를 더욱 섬세하게 발전시킨다. 아이들이 스스로 학습계획을 임기응변하여 운용할 수 있으려면 어릴 때부터의 경험과 훈련이 필요하다.

# 34

## 질문 능력

마음속의 의문은 새로운 생각과 발견을
탄생시킨다.

학문이라는 것은 인간이 의문을 가지면서 탄생했다는 말이 있다.

"어째서지?"

"어떤 원리지?"

이런 의문이 생기면 해답을 찾게 되고, 새로운 발명과 발견이 거기서 탄생한다.

나는 우리 집 아들들이 이런 질문하는 능력을 갖추기를 바랐다. 그래서 아이들 앞에서 지구본을 빙그르르 돌리며 말했다.

"갈릴레이가 지구는 네모난 모양이라고 믿지 않았기 때문에 지금 우리는 지구가 둥글다는 것을 알 수 있게 됐단다."

게다가 그들에게 교과서에 나오는 내용이 다 옳은 것은 아니라고 알려주었다. 이처럼 어려서부터 의문을 품고 질문하는 정신의 씨앗을 심어 주었다. 어떤 일, 어떤 사물에 대해서건 한번은 의심하고 질문하면 새로운 아이디어가 나온다. 더 흥미로운 생각이 떠오른다.

셋째가 여덟 살쯤 되었을 때 있었던 일이다.

"엄마, 보리차에 설탕과 우유를 넣었는데 마치 커피우유 같은 맛이 났어요."

아이가 갑자기 나에게 이렇게 말했다. 나는 반신반의하면서도 아이가 말한 대로 맛을 봤다. 정말로 커피우유 맛이었다. 그래서 나는 아이에게 대답해주었다.

"이런 생각은 엄마는 절대 해내지 못했을 거야. 정말 대단해! 어째서 이렇게 되는 걸까? 같이 조사해보자."

이런저런 조사 끝에 구체적인 원인은 불분명하지만 적어도 커피우유가 보리차, 우유, 설탕의 혼합물과 비슷한 맛이라는 점은 알아냈고, 이 사실은 과학적으로도 증명된 셈이었다. 비록 이렇게 사소한 일이 공부의 기회로 바뀌지 않는가. 아이들에게 어떤 일이든 우선 의문을 품으라고 가르치자. 이는 호기심으로 바뀌고 흥미를 파생시켜 진일보한 탐구로 이어지게 된다.

또 다른 방면으로는, 나는 텔레비전이나 신문에 나오는 뉴스가 반드시 진실은 아니라고 자주 이야기했다. 우선 의심하는 태도로 정보를 받아들여야 한다고 말이다. 유엔의 해외 시찰 같은 활동에 참여하면서 직접 현지를 방문한 뒤로, 나는 언론이 보도하는 정보는 현실 상황과 상당한 차이가 있음을 알게 됐다.

예를 들어 아프리카 남부의 작은 왕국인 레소토에 직접 가보기 전에 나는 후천성면역결핍증(에이즈)을 유발하는 HIV 바이러스는 어른들의 문제라고만 생각했다. 하지만 실제로 현지에서는 부모로부터 바이러스를 물려받은 어린이 보균자, 부모를 모두 에이즈로 잃은 고아들이 너무도 많았다. 나는 그때 처음으로 에이즈가 어린아이들의 문제이기도 하다는 사실을 깨달았다. 그리고 다음 세대를 돕기 위해서는 반드시 이전의 고정관념을 초월하는 완전히 새로운 사회 구조가 필요하다는 것도 분명히 알게 됐다.

그래서 나는 아들들에게 하나의 정보만을 믿어서는 안 된다고 가르쳤다. 무슨 정보든 근거를 따지고 진상을 확인한 다음 다양한 각도에서 사고하여 사실관계를 충분히 이해하는 것이 무엇보다 중요하다고 말이다.

사상과 종교, 문화, 국가와 정치 체제 등이 다르다는 이유로 '사실'이 달라지기도 한다. 이런 일은 아주 흔히 발생한다. 그래서 평소에 아이들에게 하나의 정보를 곧바로 믿지 말고 최대한 많은 정보를 정리하고 여러 각도에서 사물을 보라고 가르쳤다.

현재 인터넷에도 수많은 잘못된 정보가 넘쳐난다. 심지어 일부 사상적 균형을 잃은 사람들이 특정한 국가 및 일부 사람들을 공격하기 위해 인터넷에 잘못된 정보, 즉 가짜 뉴스를 의도적으로 흘리는 일도 비일비재하다. 아이들이 이런 악의적인 정보에 속지 않도록 경계해야 한다.

아이들이 정보의 진실성을 의심할 수 있는 안목, 진실을 알아내기 위해서는 질문하는 능력을 키워줘야 한다. 이는 아이들 자신을 지키는 수단이기도 하다.

# 스탠퍼드 등 세계 명문대에
# 진학한 학생들의 독서 습관

**01** 일주일에 최소 2권 이상 독서한다. 만화책이나 추리소설 등 장르에 구애받지 않는다. 하지만 특히 문학, 역사, 철학 등 인문학을 가까이했다.

**06** 관심 분야를 설정해 독서 지평을 넓힌다. 문제 해결 능력을 향상할 수 있다.

**02** 관심 분야의 전문 잡지나 신문을 정기 구독한다. 미래 자신이 하고 싶은 분야에 대한 수준 높은 지식과 정보를 선점할 수 있다.

**07** 키워드를 설정하라. '무엇이 알고 싶어서 이 책을 선택했는가?', '어떤 정보를 얻고자 하는가?'에 대한 키워드를 설정하면 관점이 명확해진다.

**03** 외국어로 된 명작을 꾸준히 읽는다. 외국어를 익히는 가장 쉽고 빠른 방법은 단편소설을 통한 개념 이해와 단어 암기다.

**08** 메모하며 독서한다. 눈으로만 얻는 정보는 쉽게 잊힌다. 가동할 수 있는 모든 감각 기관을 활용해 암기하라.

**04** 학교든 어디서든 독후감 발표에 참여한다. 독서 토론을 통해 지식의 극대화를 꾀할 수 있다.

**09** 소리 내어 독서한다. 어휘력이 향상되고 기억력이 확장되며 분석 능력이 배가된다..

**05** 꾸준한 독서는 책 읽는 속도를 빠르게 한다. 시간을 절약하게 하므로 더 많은 책을 읽게 된다.

**10** 핵심 내용을 필사하며 요약한다. 노트에 기록하거나 아이디어를 메모하는 행위는 사고력과 집중력을 확장시킨다.

# Chapter 4

# 교육 엄마: 공부 좋아하는 아이로 키우는 9가지 방법

| 공부를 좋아하게 하는 또 다른 조건 |

50 Education Methods from a Mother
Who Put 3 Sons into Stanford University

# 35

# 학교에 가야 하는
# 이유를 설명하라

학교에 가는 것은 아이 자신을 위해서이며,
학교에 갈 기회가 있는 것은 행운임을 설명하라.

나는 아이들이 초등학교에 입학하기 전에 다음과 같은 질문을
했다.

"왜 학교에 다녀야 한다고 생각하니?"

학교에 다니는 것을 당연한 일로 생각했던 아들들은 다들 조금
씩 놀라워했다. 매번 내가 같은 질문을 하면 아이들은 눈을 동그
랗게 뜨고 '도대체 왜 학교에 가야 하느냐'고를 반문했다.

우선 아이들이 의문을 품게 한 다음 부모가 진지하게 대답해줘
야 한다. 이는 아이들에게 아주 중요한 과정이다. 만약 아이들이
학교에 가야 하는 이유를 충분히 이해한다면 아무리 어리더라도
나름의 큰 뜻을 품고 학교에 갈 것이다.

우선 나는 아들들에게 이렇게 말했다.

"예전에 학교가 없던 시절에는 어린아이들은 학교에 다닐 수 없었어."

"예전의 어린아이들은 집에서 밭 갈기, 물고기 잡기, 사냥하기 등을 배웠지. 어른이 되면 그런 기술을 써서 먹고사는 거야."

"하지만 차차 글자가 생기고 인류가 책도 읽고 글도 쓸 수 있게 된 뒤부터는 여러 가지 지식을 스스로 배울 수 있게 됐고, 더 이상 다른 사람에게 기술이나 지식을 전해 받을 필요가 없어졌어. 사람들끼리 지식을 교환하면서 더 많은 새로운 물건이 만들어졌지. 생활은 점점 편리해졌어."

"지금, 책을 읽거나 글을 쓰거나 계산을 할 수 없다면 우리는 정상적인 생활을 할 수 없을 거야. 그러니 우리는 학교에서 가르쳐주는 기본적인 기술을 반드시 배워야 해. 자기 이름과 주소를 쓸 줄 알고, 주변에 쓰여 있는 글자를 읽을 수 있어야 해. 공부를 통해서 조상이 남긴 문화, 역사, 기술 등 귀중한 지식 유산을 이어받게 되는 거야."

어쨌든 이렇게 자세한 설명을 아이에게 들려주었다.

나는 또 이렇게 설명하기도 했다.

"우리는 다양한 지식을 배움으로써 미래의 이상적인 사람이 될 수 있단다. 실제로 이 세상에 수많은 아이가 학교에 다니지 못하고 있어. 그래서 그 아이들 몫까지 정말로 열심히 공부해서 더 아름다운 세상을 만들어야 해."

큰아들은 어릴 때 종종 요리사가 되겠다고 말하곤 했다.

"요리사가 되면 재료를 사고 돈 계산을 해야 해. 손님이 주문한 요리를 헷갈리지 않으려면 글자도 알아야 하고, 식재료의 분량도 잴 수 있어야 하지. 학교에 가면 이런 것들을 다 배울 수 있어. 대단하지? 학교에 가는 것, 기대되지 않니?"

큰아들이 초등학교에 입학하기 전에 나는 이런 말을 여러 차례 들려주었다.

아이들과 늘 반복적으로 대화한다면, 아무리 어려도 학교에 가는 것이 자기 미래를 위한 일이라는 것을 금방 이해한다. 풍요롭고 행복한 삶을 위해서, 자유롭게 꿈을 실현하려면 공부가 매우 중요하다는 것을 알게 된다. 아이가 마음속 깊은 곳에서부터 이 사실을 받아들이고 이해한다면, 훨씬 적극적으로 학교에 가려고 할 것이다.

"다들 학교에 가니까 너도 당연히 가는 거야."

"배우지 않으면 바보가 될걸."

이런 소극적인 말을 해서는 안 된다.

"공부는 적극적으로 더 나은 내가 되기 위해 노력하는 일이야. 자신의 미래를 위해 꼭 해야 하는 일이지. 학교에 다닐 수 있는 것만으로도 큰 행운이고, 인생의 선물이란다."

아이들이 이런 사실을 이해하도록 설명하는 것이 중요하다.

# 36

## 이도 저도 아닌
## 상태가 가장 힘들다

시작할 때부터 공부는 '끝까지', '확실하게' 하려고
굳게 결심해야 한다.

어떻게 해야 학교생활을 즐겁게 할 수 있을까?

나는 '하다', '하지 않다' 두 가지 선택만 하면 된다고 생각한다.

열심히 공부하는 아이는 수업 진도를 잘 따라가고 시험도 쉽게
잘 본다. 그런 아이들은 공부 자체를 즐거워하고, 학교생활을 좋
아한다.

반대로 공부에 관심이 없고 친구들과 노는 것만 좋아하는 아이
도 있다. 그런 아이들은 수업을 잘 따라가지 못하더라도, 시험을
잘 보지 못해도 별로 신경 쓰지 않는다. 마음껏 놀기만 하면 그저
즐겁다. 무언가 배우지는 못해도 학교생활은 좋아한다.

나는 당연하게도 아이들이 공부도 학교생활도 좋아하기를 바
란다.

그렇다면 어느 쪽이 제일 힘들까?

마음속으로는 성적이 오르기를 바라지만 어떻게 해야 하는지 모르는 경우, 게다가 자존심과 체면 때문에 다른 사람에게는 물어보지도 못하는 경우다. 열심히 복습하고 시험을 치지만 점수가 형편없으면 점점 불안해지고 자신감을 잃는다. 점차 자기가 어떤 부분을 못 하는지도 모르게 되고, 다른 사람에게 어떻게 질문해야 하는지도 알 수 없게 된다. 만약 이렇게 '이도 저도 안 되는 상태'에 빠지면 아이는 공부를 싫어하고 학교를 지옥처럼 느끼기 시작한다. 결국 자기 자신을 원망하고 싫어하게 되는 것이다…. 그러니까 '이도 저도 안 되는 상태'가 제일 힘들다.

그렇다면 어떻게 해야 이런 지경에 빠지지 않을까?

시작할 때부터 공부는 '끝까지', '확실하게' 하려고 굳게 결심해야 한다.

모르는 부분이 나오면 부끄러워하지 말고 질문해야 하고, 이해할 수 있을 때까지 끝까지 물고 늘어져야 한다. 이것 외에 다른 방도가 없다. 만약 아이가 어떻게 해야 할지 몰라 고민한다면, 부모와 주변 사람들이 이런 경우를 대비해 제때 주의를 기울여 도움을 줘야 한다. 아이를 고통스러운 학교생활에서 구해줄 수 있는 유일한 방법이기 때문이다.

우선 일주일 정도 시간을 내자. 그리고 마음을 열고 아이와 소통하면서 아이가 공부에 어려움을 겪는 부분이 무엇인지 찾아내고 함께 복습해 보자. 특히 초등학교 단계에서는 학교에서 가르치는 교과목은 아이의 성장에 필요한 기본적 지식이다. 그래서 최대한 노력을 기울여서 아이가 최소한 80~90%는 이해할 수 있게끔 해줘야 한다. 한번 학습의 즐거움을 체험하고 나면 그것이 계속 공부하고자 하는 원동력이 된다. 아이가 잘 모르는 부분이 생길 때 스스로 주변에 도움을 청하게 하는 것은 매우 중요한 일이다.

그래서 나는 아들들에게 종종 이렇게 이야기하곤 했다.

"어쨌든 공부란 하지 않을 수 없는 거란다. 제대로 익힐 때까지 계속 공부해야 하는 거야. 그래야 보람이 있지. 공부를 잘하고 싶으면 모르는 문제가 있을 때 곧바로 선생님이나 엄마 아빠한테 질문해야 해."

나는 아무리 바쁠 때라도 아이가 공부와 관련된 질문을 할 때면 절대로 '기다려', '지금은 바빠' 같은 대답을 하지 않았다. 요리하던 중이라도 즉각 가스레인지의 불을 끄고 아이에게 '어떤 질문이니?' 하고 관심을 보여주었다.

공부를 좋아하는 아이로 키우기 위해서는 이렇게 매일 끊임없이 노력하는 자세가 반드시 필요하다.

# 37

# 중학교 입학 전까지는
# 자녀와 함께 숙제하라

아이와 함께 공부의 즐거움을 나누는 것이
효과적이다.

중학교 입학하기 전까지, 나는 아들 옆에서 함께 숙제를 했다.

아이가 숙제를 잘 하는지 감독하는 것이 아니라 가능한 한 많은 시간을 아이와 같이 보내면서 공부가 즐겁다는 생각을 갖게 해주려는 것이었다. 시간이 있을 때는 내가 아이와 함께 다음 날 수업을 예습하고 그날 배운 것 중 이해하지 못한 부분을 복습한다. 어쨌든 아이에게 '공부는 전혀 어렵지 않고 재미있기만 하다'는 생각을 심어줘야 한다.

예를 들어, 한자를 배울 때는 외우는 수밖에 없다. 어떤 의미에서는 그 과정이 가장 힘들다. 그래서 한자 시험 전날이면 나는 반드시 아이에게 모의시험을 치르게 했고, 잘 못 하는 부분은 몇 번씩 반복했다.

가능한 한 킥킥 웃으면서 편안한 상태로 공부하고, 가끔 간식을 먹으면서 쉽게 외울 수 있는 방법을 연구하기도 한다.

"양(羊)이 자라면 아름다워진다(美)."

"행복(幸)은 거꾸로 해도 행복(幸)이다."

"매울 신(辛)에 획 하나만 더하면 다행 행(幸)이다."

이런 식으로 창의성을 발휘해 각양각색의 외우는 방법을 찾아낸다. 어쨌든, 온갖 방법을 동원해서 아이들이 공부를 재미있어 하도록 하려고 애썼다.


우리 집에는 숙제나 공부를 하는 정해진 자리가 없다. 아이들의 책상은 물론, 종종 식탁이나 방바닥에 주저앉아서도 공부했다. 공부는 특별한 일이 아니라 언제 어디서나 할 수 있는 일상생활의 한 부분이기 때문이다.

국어(일본어)와 수학을 제외하고, 사회, 과학, 영어 과목의 숙제는 내가 매일 검사했다. 일 때문에 집을 비우는 때라도 호텔의 전화나 팩스를 이용해서 아이들과 연락하고 함께 숙제를 고민해 주었다.

아이와 함께 숙제하는 것은 매우 많은 시간이 소모되는 일이다. 부모의 입장에서는 귀찮고 번거로우며 인내심이 필요한 일이다. 하지만 이 일은 부모와 자식이 무척 친밀해질 수 있는 좋은 기회다. 아이들이 잘하는 과목, 잘하지 못하는 과목을 숙제하는 모습을 지켜보다 보면 금방 알 수 있다. 부모가 아이의 공부에 적절한 조언을 해줄 수도 있다. 어쩌면 내가 그렇게 노력한 덕분인지, 아들들은 중학교에 입학한 뒤로는 내가 더 이상 숙제를 검사할 필요 없이 스스로 잘 알아서 숙제를 제출하게 되었다.

중학생이 된 다음부터 아이들은 자기 관리를 배워야 한다. 부모는 한 발짝 물러서서 아이의 결정을 지지하고 응원하는 것이 좋다. 부모의 관리·감독이 없으면 아이가 공부를 하지 않으려고 한다. 한 가지 특히 중요한 점은, 숙제 내용이나 리포트의 제목 등에는 계속해서 부모가 관심을 가져줘야 한다는 것이다. 아이를 격려하고 충고 역시 해주는 것이 좋다.

아이가 때때로 숙제를 해야 한다는 사실을 잊을 때도 있다. 그러면 나는 아이들한테 이렇게 말했다.

"숙제를 하는 것과 점수는 직접적인 관련이 있어. 시험을 잘 보고 싶으면 공부를 열심히 해서 실력을 높여야 하는데, 숙제는 그저 하기만 하면 되잖아. 이보다 더 간단할 수가 없지. 숙제를 하지 않는 건 손해가 아닐까?"

이렇게 설득하기도 했다.

"숙제를 제출하지 않는다면 '저는 좋은 점수를 바라지 않습니다.'라고 말하는 것과 똑같아. 그러면 너무 안타깝지 않을까?"

숙제를 잘하는 것은 어느 정도까지는 습관의 문제다.

아이가 초등학생일 때부터 숙제를 잘 해내는 습관을 기르는 것이 가장 좋다.

# 38

# 장점을 개발하면
# 단점을 극복할 수 있다

아이가 잘하는 과목을 더 깊이 파고들어
공부에 대한 자신감을 높여야 한다.

학생들이라면 누구나 잘하는 과목과 잘하지 못하는 과목이 있게 마련이다. 그러나 학부모들은 대부분 자녀가 잘하지 못하는 과목을 발견하면 걱정부터 한다. 그러고는 잘하지 못하는 과목을 억지로 잘하게 하려고 애를 쓴다.

하지만 나는 반대로 행동했다. 우선 아이가 잘하는 과목을 더 깊이 파고들어 그 과목에서 최고 수준에 이르게 했다. 이렇게 하면 아이가 공부에 자신감이 붙어 부진하던 과목도 전보다 더 좋은 성적을 거두게 된다.

큰아들은 수학을 특히 좋아했다. 그래서 나는 막 대학에 들어간 친구의 아들에게 가정교사를 부탁했다. 큰아들이 수학 과목을 마음껏 파고들 수 있도록 하기 위해서였다. 큰아들은 초등학교 때

이미 중학교 수학 문제를 풀었고, 고등학교에 들어간 뒤에는 수학이 가장 잘하는 과목이 되었다. 결국 국어 등 큰아들이 잘하지 못하던 과목도 공부 자체에 자신이 붙으면서 성적이 점차 올라갔다.

둘째 아들은 영어를 잘했다. 나는 둘째가 어렸을 때부터 영어로 에세이를 쓰게끔 유도하며, 다양한 영어책들을 읽도록 했다. 아이의 영어 성적은 당연히 매우 훌륭했고, 원래는 잘하지 못했던 수학 성적도 덩달아 올라갔다. 둘째는 음악을 참 좋아했는데, 중학교 때부터 자작곡을 했다. 작사를 할 때 아이의 언어적 재능이 빛을 발했다. 스스로 '좋은 가사를 쓰려면 언어 표현력이 필요하다'고 생각하고 자발적으로 훌륭한 문학작품을 집중적으로 읽었기 때문이다.

셋째는 언제 익혔는지도 모르게 '속독(빨리 읽는 기술)'을 배웠다. 나는 가르친 적이 없는데도 초등학교 3학년 때부터 하루에 400쪽이 넘는 장편소설 한 권을 다 읽는 것이었다. 원래부터 셋째는 읽기 능력이 뛰어난 아이였는데, 책을 많이 읽게 한 것이 아이의 기호에 딱 맞춘 교육이었던 셈이다. 셋째는 초등학교 3학년 때 놀라운 말을 하기도 했다.

"나중에 어른이 되면 출판사 편집자가 될 거야. 그러면 베스트셀러 소설을 누구보다도 먼저 읽을 수 있게 될 테니까."

중학생이 되자 받아들이는 것 외에 표현하는 쪽으로도 관심이 생겨서 컴퓨터 그래픽 디자인을 배우게 했다. 그 후 수학과 과학 과목의 성적이 크게 향상되었다.

이처럼 잘하는 것을 더 개발하면 '나는 할 수 있다'는 자신감을 갖게 된다. 그러면 아이는 잘하지 못하던 영역에 대해서도 자발적으로 공부하게 된다.

그렇다! 성적의 향상은 공부에 대한 흥미와 자신감을 갖게 유도하고 배움의 가치를 소중히 여기게 한다. 아이의 장점을 계속 살려주면서 본인의 페이스에 맞게 꾸준히 도와주는 것이 부모의 역할이다. 이렇듯 부모와 아이의 관계는 트레이너와 선수의 관계와 같다.

좋은 학생이란 모든 과목을 두루 잘하는 학생이 아니다. 오히려 평균 이상으로 특출나게 잘하는 과목이 있고, 다른 과목은 보통 수준을 유지하는 학생의 미래가 더 밝지 않을까. 나의 개인적인 생각으로는 그런 아이가 나중에 더 크게 성공할 수 있다고 본다.

# 39

## 어떻게 좋은
## 성적을 얻을 것인가

100점을 받고 싶다면
120점만큼의 힘을 써야 한다.

학문을 할 때는 점수가 크게 중요하지 않다. 하지만 유명 대학에 합격하려면 좋은 성적은 필수 조건이다. 특히, 미국의 대학은 중학교 3학년부터 고등학교 3학년까지 4년간의 성적을 죄다 참고하여 학생을 선발한다. 그래서 평소에 시험을 잘 보고 좋은 성적을 받는 것은 반드시 필요하다.

그러려면 우선 아이가 시험을 좋아하게끔 해야 한다. "아는 사람은 좋아하는 사람을 이기지 못하고, 좋아하는 사람은 즐기는 사람을 이기지 못한다"는 말도 있지 않은가. 시험을 좋아하고 즐기면 좋은 성적은 자연히 따라오게 되어 있다. 나는 아이들이 시험을 좋아하게 하려고 놀이를 하는 듯한 느낌으로 시험을 치르고 좋은 성적을 얻는 비결을 알려주었다.

예를 들어 수학 과목 시험을 살펴보자. 내용을 어느 정도 이해해야 하고 평소 연습 문제를 많이 풀어봐야 한다. 특히 중요한 것은 문제를 푸는 속도다. 그래서 나는 아이들에게 빠른 속도로 모든 문제를 다 푼 다음에 확인할 시간을 남겨 두어야 한다고 여러 차례 강조했다. 부주의 때문에 아는 문제를 틀린다면 너무 아쉽지 않은가.

"시험 보기 전에 출제될 가능성이 높은 예상 문제를 풀다 보면 실제 시험을 볼 때 당황하지 않을 수 있단다. 마음을 가라앉히고 평소처럼 문제를 풀면 돼."

나는 아들들에게 이렇게 말하고, 시험에 출제될 것 같은 예상 문제들을 생각해보라고 했다. 수학은 문제도 답도 명확한 과목이라 착실하게 노력하면 100점 만점을 받는 것도 가능하기 때문이다.

서술형으로 답안을 작성해야 하는 시험의 경우, 나는 아이들에게 이런 생각을 해보라고 권했다.

"시험 보기 전에 상상을 해보는 거야. 만약 너희가 선생님이라면 어떤 문제를 낼까?"

아이들은 문제를 출제하는 선생님의 입장에서 시험의 내용을 생각해보고 예상 문제를 만든다. 시험 문제를 만들기 위해서는 공부한 내용을 철저하게 파악하고 있어야 한다. 그래서 선생님의 견

해에서 생각해보는 과정은 복습하는 것과 같은 효과가 있어 핵심 내용을 파악하는 데 큰 도움이 된다. 자신이 뽑은 예상 문제를 가지고 모의시험을 쳐보자. 그런데 예상 문제에 제대로 답안을 작성하기 어렵다면 어디가 부족한지 알 수 있고 그 부분을 복습할 수 있다.

사실 서술형 시험에서도 소소한 요령이 있다. 우선 정식 답안을 작성하기 전에 답안지 위에 중요한 내용을 간략히 적어놓는다. 이렇게 하면 나중에 시간이 부족해서 완벽한 답안을 작성하지 못했더라도 채점하는 선생님은 핵심을 파악하고 있다는 판단 아래 약간의 점수를 더 주는 경우가 있다.

나 역시 시험을 무척 좋아한다. 바로 이런 방법으로 지금까지 여러 번의 시험을 통과했다.

나는 이런 '시험의 기술'을 아들들에게 알려주었다.

여러 개의 선택항 중 정확한 답을 고르는 형식의 시험을 치른다면, 우선 잘못된 답안을 선택했을 때 감점이 되는지부터 확인하자. 그런 다음 문제의 수와 시험 시간을 살펴보고 한 문제를 푸는 데 어느 정도 시간을 쓸 수 있는지 계산한다. 시간이 충분하다면 순서대로 하나하나 문제를 풀면 된다. 하지만 문제가 많아서 시간이 부족할 것 같으면, 그리고 정답이 아니라도 감점이 되는 것이 아니라면, 첫 문제를 풀 때부터 대략 자기가 생각하기에 올바른 답안으로 보이는 선택항을 빠른 속도로 고른다. 그렇게 하면 정확히 모르는 문제도 답을 맞힐 확률이 높아지기 때문이다. 그런 다음 남은 시간에 답안이 정확한지 확인하고 수정한다.

이렇듯 나는 1점이라도 더 높은 점수를 받을 수 있는 시험의 기술을 가르쳤고, 아이들에게 이렇게 말했다.

"시험을 칠 때는 게임을 하는 기분으로 편안한 마음으로 해. 그러면 시험에서도 즐거움을 찾아낼 수 있어."


학년이 높아지면서 리포트 제출 형식으로 시험을 대신하는 경우가 점점 늘어난다. 선생님의 채점 기준도 모호해진다.

나는 아이들에게 자주 이렇게 말했다 .

"100점을 받고 싶다면 120점만큼의 힘을 쏟아야 해."

나 자신도 대학에서 학생을 가르친 경험이 있다. 채점할 때는 전체적인 점수의 균형을 고려하게 된다. 학생들 가운데 내가 기대한 것 이상으로 노력한 모습이 보이면, 당연히 그 학생에게 점수를 조금 더 높게 주게 되고, 다른 학생들의 점수는 상대적으로 낮아진다.

그러니까 중요한 것은 반드시 120%의 노력을 아까워해서는 안 된다. 120% 노력하면 100점을 받지 못하더라도 최소한 90점 이상의 점수를 얻을 것이다. 하지만 딱 100%만 노력하고서 마음을 놓아버리면 결국에는 80점밖에 받지 못할 수도 있다. 이것이 현실이다. 그러니 평소에 아낌없이 애쓰고 120% 노력하는 습관이 중요하다.

# 40

## 시험과 공부를
## 좋아하려면

공부를 좋아하면 점수는
자연히 높아진다.

"어디가 틀렸을까? 다시 한번 풀어보자."

아들들이 시험지를 가지고 귀가하면 나는 특히 낮은 점수를 받은 문제를 놓고 아이들과 함께 몇 차례나 문제를 다시 풀어보곤 했다. 그 문제를 완벽하게 풀 수 있을 때까지 말이다. 아이들이 자신감 있게 다음 학습 단계로 나아가기를 바랐기 때문이다.

이어서 나는 아이들에게 이렇게 말하곤 했다.

"시험 점수만으로 자기 실력을 측정할 수 없어."

"선생님보다 엄마는 너를 더 잘 알고 있거든. 그리고 엄마보다는 너 자신이 자기를 더 잘 알고. 그러니까 자신감을 가져야 해. 풀지 못하는 문제가 있다면 엄마하고 같이 복습해보자."

그런 다음 나는 아이들과 같이 공부하고 그 문제를 풀었다.

시험 점수보다 나는 아이들이 수업을 얼마나 이해하는지에 더 큰 관심을 가졌다. 점수는 단지 아이가 선생님이 제시한 시험 문제에 정확하게 몇 문제나 답했는지를 알려줄 뿐이다. 아이가 시험 문제의 의도를 잘못 파악했을 가능성도 있고, 이번에만 어쩌다가 복습을 좀 소홀히 했는지도 모른다. 어쩌면 선생님의 교수법이 아이들을 이해시키지 못하는 방식일 수도 있다. 그래서 시험 점수는 아이의 진정한 실력을 보여주는 지표라고 할 수는 없다.

아이가 실제로 수업을 이해하고 있다면 시험을 잘 보지 못했더라도 문제 될 것이 없다. 이해했으면 다음 수업 시간에는 훨씬 더 쉽게 진도를 따라갈 것이다. 아이가 수업 내용을 이해하지 못했다면 진도를 따라잡지 못하게 되어 공부 자체를 싫어할 가능성이 있다. 그러면 당연히 좋은 점수를 받을 수 없다. 나는 예전에 아들의 친구로부터 다음과 같은 말을 들은 적이 있다.

"시험을 못 보면 부모님께 야단맞기 때문에 시험이 두려워요."

아이의 시험 성적이 나쁘더라도 절대로 야단치거나 혼을 내면 안 된다. 아이가 시험을 두려워하게 되면 그거야말로 큰 문제다.

아이가 시험을 잘 못 봤다는 것은 아이의 문제만은 아니다. 반의 전체 평균 점수 자체가 낮을 수도 있다. 선생님이 잘 가르치지 못했을지도 모른다. 우리 아이만 시험을 못 본 것이라 해도 그날의 수업을 특별히 잘 이해하지 못했을 수도 있다. 그러니 아이가 시험을 잘 못 봤을 때 화를 내기보다는 오히려 아이와 대화하는 게 무엇보다 더 중요하다.

대화한 다음에는 아이와 더불어 복습하는 시간을 갖는 것이 좋다.

시험을 두려워하지 않고 공부를 좋아하는 아이로 키우고 싶다면, 가장 중요한 것은 바로 뒤에서 아이를 지원해주는 것이다. 아이가 충분히 수업을 이해하고 공부의 즐거움을 느낄 수 있도록 부모가 도와줘야 한다.

고래에 대한 지식을 배울 때, 아이는 고래에 호기심을 느낀다. 그러면 아이와 함께 매년 고래 포획량을 조사해본다. 아이와 함께 고래 포획을 반대하는 사람이 있는지 토론하고, 고래가 등장하는 동물 다큐멘터리를 보고, 신문이나 잡지에서 관련 기사를 함께 찾아 읽는 것이다. 지금은 인터넷을 통해 영상이든 기사든 쉽게 찾을 수 있다.

이렇게 하나의 주제를 놓고 다양한 각도에서 생각하고 각 방면의 종합적 정보를 접하게 한다. 이렇게 계속하다 보면 아이의 시야가 넓어지고 공부하는 주제에 대한 진정한 관심이 생겨난다.

학교에서 학습과 생활은 연계되어 있으므로 아이들은 공부의 진정한 의미를 체험할 수 있다. 만약 공부하는 대상에 관심을 두고 의미를 찾는다면, 시험에서도 좋은 점수를 받을 수밖에 없다.

이처럼 '공부를 좋아하는 마음'을 길러주려면 부모의 노력과 관심이 필수적이다. 결과보다는 과정을 통해 답을 구해야 진정한 학문의 즐거움을 깨우칠 수 있다.

# 41

## 영어는
## 반드시 잘해야 한다

영어를 할 줄 알면,
아이의 세계는 순식간에 확장된다.

영어는 현재 세계에서 가장 광범위하게 사용되는 국제 언어다. 인터넷 정보도 모두 영어 중심으로 제공되고 있다. 과학, 경제, 정치 등 주요 분야 모두 영어를 매개체로 하여 세계 각지에 전파된다. 일본에서도 최근에는 많은 기업이 토익(TOEIC) 성적으로 실용 영어 수준을 평가하고 인재를 채용한다. 영어에 능숙하면 아무래도 구직 활동에 유리하다. 최근 각종 번역 프로그램이 개발되어 일부 상용화하고 있지만, 다른 언어로 완벽하게 변환하는 것은 아직 시기상조다. 무엇보다 외국인들과 자유롭게 언어를 직접 구사하며 소통한다는 것은 얼마나 매력적인 일인가.

그렇다! 영어로 자신의 의견을 표현하고 상대방의 말을 이해하고, 영어로 정보를 검색하고 필요한 지식을 습득하여 영어로 보고

서를 써야 한다. 앞으로 아이들이 세계를 무대로 활약하려면 이런 것은 필수 사항이다. 그러므로 어떻게 영어를 가르칠 것인지는 매우 중요한 교육 과제인 셈이다.

나는 아이들이 태어난 지 얼마 지나지 않아서부터 영어로 둘러싸인 교육 환경을 조성했다. 영어 동요를 들려주고, 영어로 된 만화영화를 보여주었고, 장난감이 조금 비싸더라도 해외에서 생산된 것을 사서 놀이 과정에서 아이가 자연스럽게 알파벳에 익숙해지도록 노력했다.

일본에서는 얼마 전까지만 해도 너무 일찍부터 외국어를 가르치면 아이의 모국어 능력 발달에 나쁜 영향을 끼친다는 이야기가 설득력 있게 여겨졌다. 하지만 나는 그렇게 생각하지 않는다. 오히려 아이가 언어를 잘 배우려면 최대한 일찍 시작해야 좋다고 본다. 만약 아이가 하나의 언어에만 익숙해진다면 나중에 제2 언어를 배울 때 상당한 시간과 노력이 필요하다. 게다가 여덟 살이 넘으면 아이에게 확고한 자신만의 호오가 생긴다. 언어를 좋아하는 아이는 당연히 외국어를 잘 배우겠지만, 그렇지 않은 아이는 아무리 노력해도 외국어를 잘하지 못한다. 그래서 아이가 아직 어려서 명확한 개인적 기호를 갖기 전에 자연스럽게 일상 속에서 두 가지 언어를 모국어로 사용하도록 환경을 조성해야 한다. 이것이 특히 중요하다. 그래야만 아이의 머릿속에 자연스럽게 영어가 주입되고, 저도 모르게 영어를 익히게 되는 것이다.

나는 예전에 영국 식민지였던 홍콩에서 태어났다. 두 살 때부터 영어로 교육을 받았다. 그래서 특별한 어려움 없이 모국어 수준의 영어 실력을 갖추게 되었다. 그렇다고 모국어 수준이 뒤떨어지는 것이 아니다. 나의 개인적 경험에 따르면 영어 조기교육은 앞으로 더욱 실천해야 하는 중요한 과제다.

일본의 의무교육 시스템에서는 초등학교 5~6학년부터 외국어 교육을 시작하고, 저학년 때부터 영어 교육을 하는 것은 아직 시험 단계에 머물러 있다. 그러므로 영어 교육을 공교육에만 의존해서는 안 된다. 아이가 어릴 때부터 계속해서 영어 능력을 키워야 한다.

영어 그림책을 읽는 것부터 시작해서 체계적으로 아동문학과 아동용 영화, 텔레비전 프로그램 등을 접하게 하고 영어 노래를 가르친다. 이런 기회를 모두 활용하여 아이가 순수하고 정통적인 영어를 접하게 하자. 가능하다면 아이를 데리고 가까운 외국으로 나가 실제로 영어를 사용 경험을 하는 것도 나쁘지 않다.

아이의 나이가 유아기를 넘었더라도 영어를 가르치는 데 늦은 것은 아니다. 비록 무의식중에 언어를 배우게 되는 가장 좋은 시기는 지났지만, 열심히 아이에게 영어의 중요성을 강조한다면, 아이가 받아들이고 이해할 경우 열 몇 살이 된 아이들도 빠르게 영어 수준을 높일 수 있다.

그 원동력은 아이가 확실하게 '영어는 현실 사회에 도움이 된다.', '영어를 배우는 게 재미있다.', '영어를 통해 전 세계의 친구들을 사귀겠다.' 같은 생각을 하는 데서 비롯된다. 만약 부모가 영어를 하지 못하면 아이와 함께 영어를 배우는 것도 좋다.

어쨌든 언제든지 집에서 영어를 들을 수 있는 환경을 만들어야 한다. 예를 들어 텔레비전을 볼 때 영어로 된 방송을 보는 것이다. 이렇게 하면 무슨 말을 하는지 정확히 몰라도 귀가 영어에 익숙해진다. 그런 다음에는 영어 노래를 자주 그리고 많이 듣는다. 아이들은 이런 전체적인 환경을 종합적으로 받아들여 영어에 대한 관심을 형성하고, 영어를 배우려는 마음도 이에 따라 강해지기 마련이다.

아이에게 영어의 즐거움과 필요성을 가르치는 것은 부모의 중요한 임무라고 할 수 있다. 그렇지만 단지 입으로 '영어는 아주 중요하단다. 그러니 열심히 공부해야 해.' 하고 말하는 것으로는 아이에게 영어 공부에 대한 스트레스만 가중시킬 뿐이다. 오히려 영어를 싫어하게 될지도 모른다. 그러니 아이가 영어를 활용해서 자신이 정말로 좋아하는 일을 하게 하는 것이 정말 중요하다.

아이가 축구를 좋아한다면, 영어로 해설하는 축구 경기를 보거나 좋아하는 축구 선수의 영어 기사를 읽게 한다. 아이가 패션에 관심이 높다면, 좋아하는 모델이나 브랜드의 영어 정보를 읽어보게 하는 것이다. 이렇게 부단히 영어의 형식으로 아이가 관심 가지는 것을 접하면 아이는 자기도 모르게 영어를 좋아하게 되고 차차 영어를 잘할 수 있다.

물론, 상황이 허락한다면 아이를 영어 학원에 보내는 것도 좋다. 혹은 시중에 판매되는 영어 교육 소프트웨어를 구입해서 배워도 좋다. 인터넷 강좌를 들어도 된다. 어쨌든 부모가 최대한 빨리 아이에게 영어를 접할 기회를 조성해 줘야 한다.

영어를 잘할 수 있으면 아이의 세계는 순식간에 확장된다. 한 나라가 아니라 전 세계가 아이가 활약하는 무대가 된다.

언어 능력을 갖추면 외국에 가더라도 자신감 있게 사람들과 교유할 수 있다. 활동 무대가 넓어지면 꿈도 커지게 마련이다. 아이의 잠재력 개발을 제한하는 장애물을 없애기 위해서라도 부모들부터 진지하게 영어 교육에 임하기를 바란다.

# 42

## 음악·예술·스포츠는
## 인생을 풍요롭게 한다

그저 공부만 한다면 삶의 소양이 부족해지고
다재다능한 사람으로 인정받을 수 없다.

 

 

교육 목표 중 하나는 '다재다능한 인재(All-rounded person)'
를 길러내는 데 있다. 미국, 영국, 프랑스 같은 선진국에서는 기술
이나 경제 방면에만 관심이 있는 사람은 통상적으로 교양이 없는
사람으로 취급된다. 그러므로 음악과 예술 방면에도 일정한 지식
과 기능을 갖춰야 한다.

음악과 예술은 언어와 시간을 초월하여 모든 사람에게 공감을
끌어내는 자아 표현 방법이다. 교육가들은 한 사람이 언어로 표
현되지 않는 것을 느낄 때 그 사람은 심오한 사고능력을 갖췄음
을 의미한다고 본다. 그래서 하버드 같은 아이비리그 명문 대학에
서는 학생을 선발할 때 음악과 예술 방면의 경험을 중시하는 것이
다. 나의 모교인 스탠퍼드대학교도 마찬가지다.

음악에 대해서는 아무 악기라도 한 가지만 연주할 수 있으면 된다. 뛰어난 수준은 아니더라도 소리를 내고 음악을 연주하는 것만해도 아주 높게 평가한다. 악기 연주는 손, 눈, 귀가 상호작용하는 창의적 작업일 뿐 아니라, 대뇌의 사고 속도마저 크게 높여준다. 아이들은 모두 음악의 조화를 경험하면서 정서가 안정적으로 변했다.

막내아들은 네 살 때부터 피아노를 배웠다. 피아노에 집중한 것은 아니어서 연주 실력은 그다지 좋지 않았다. 하지만 뭐든지 배우는 것은 좋은 일이다. 나중에 막내는 악보를 볼 수 있었으므로 다른 악기를 연주할 수 있는 기초 실력은 갖추게 된 셈이었다. 큰아들은 색소폰을, 둘째 아들은 바이올린을 배웠다. 그리고 세 아들 모두 기타를 연주할 수 있다. 물론 각자 연주하는 스타일은 모두 다르지만 말이다.

예술 방면으로, 나는 특별히 무슨 교육을 한 적은 없다. 아이들은 초등학교 때 미술 선생님을 무척 따랐고, 그래서 모두 그림을 열심히 그렸다. 나도 그림 그리기를 좋아해서 우리는 서로 초상화를 그려주고 그림에 대한 감상을 나눈 적도 있다. 창의력을 높이려면 다른 사람의 작품을 보는 것이 중요하기 때문에 나는 시간 날 때마다 아이들을 데리고 미술관을 찾았다.

미술 선생님을 좋아했던 덕분인지 아이들은 도예에도 큰 흥미를 보였다. 아이들은 도자기를 만드는 체험 수업을 한 후부터 도예에 대한 관심이 식을 줄 몰랐다. 뿐만 아니라 선생님의 지도를 받아가며 스무 점이 넘는 도기를 빚었다. 아이들이 어릴 때 그린 그림과 빚은 도자기는 아직도 나의 보물 중 보물이다.

나의 세 아들은 모두 운동신경이 뛰어나다. 그렇기에 큰아들은 초등학교에 다닐 때 학교의 체육 수업 외에도 지역사회에서 운영하는 소년 야구단에, 둘째 아들은 축구단에 입단했다. 신체 단련이라고 해도 좋고, 단체 생활을 익히는 것이라고 해도 좋다. 운동은 몸과 마음이 함께 발달하는 좋은 활동 아닌가.

우선 아이들이 마음껏 몸을 움직이고 뛰어놀 수 있게 해 줘야 한다. 그렇게 에너지를 발산하며 체력을 길러야 하는 것이다. 또한 여러 사람이 참여하는 운동경기를 하면서 팀원들의 협동 정신도 배울 수 있다. 이렇게 해서 단체 생활에서 필요한 협동 정신 등 품성을 기를 수 있는 것이다.

승부욕, 인내심, 리더십 등 덕목도 운동을 통해 배울 수 있다. 아이가 아직 어릴 때 자신이 좋아하는 운동을 선택하게 해서 운동을 열심히 하도록 격려해주자.

일본에서는 시험 기간이 되면 지역사회의 어린이 활동들은 거의 멈춘다. 하지만 스탠퍼드대학에서는 예술과 운동도 성적에 포함되므로 일본의 대학과는 커다란 차이가 있다. 그러므로 각 분야에서 균형 잡힌 능력을 갖춘 전인적 인재로 키우려면 예술과 운동 방면도 중시해야 한다.

### 다르게 생각하는 사람

그리스의 엘리베이터 수리공이었던 니콜라는 가난한 가정 형편 탓에 제대로 된 교육을 받을 수 없었다. 하지만 그는 유독 과학에 대해서는 관심이 많았고 스스로 돈을 벌기 시작한 후로 매일 한 시간씩 물리학을 독학했다. 물리학 분야의 책을 읽으며 날마다 지식을 쌓아가던 니콜라는 1948년 어느 날 과감한 결정을 내렸다. 당시의 가속기보다 제조 가격은 낮으면서 효율성 높은 양성자 가속기를 제작하여 미국 원자력위원회에 기획안으로 보낸 것이다. 기획안은 받아들여졌고 시뮬레이션을 진행한 후 개선 과정을 거쳐 새로운 가속기를 제조했다. 그 결과 엄청난 예산을 절감할 수 있었다.

미국 정부는 니콜라에게 1만 달러의 상금을 주었고 방사능 실험실에서는 그를 연구원으로 초빙하였다. 엘리베이터 수리공이었던 니콜라의 인생은 완전히 달라졌고 이후에도 다양한 연구 업적을 남겼다.

# 43

## 인터넷을 능숙하게
## 다뤄야 한다

인터넷은 편리성과 위험성을 동시에 가진
도구라는 점을 알려줘야 한다.

지금, 인터넷은 엄연한 생활의 일부가 되었다. 부모는 아이들에게 인터넷을 어떻게 다루는지 가르쳐야 한다. 영어에는 '넷-새비(net-savvy)'라는 단어가 있는데, 능수능란하게 인터넷을 이용한다는 의미다.

인터넷은 무료로 세계 각지의 정보를 수집할 수 있는 아주 편리한 도구로, 인류의 잠재력을 크게 확장하였다. 그러나 한편으로는 인터넷은 긍정적 정보 외에 부정적 정보까지도 구별 없이 범람하는 공간이다. 인터넷의 엄청난 정보는 어린아이가 접하기에 부적절한 내용도 많고 잘못된 소문을 분별력 없이 확대 재생산하는 역기능도 있다. 그래서 부모님의 올바른 지도가 필수다. 잘못된 정보에 속거나 나쁜 친구를 사귀고, 나아가 범죄에 휘말릴 가능성도

열려 있다. 그런 일이 벌어지면 상황은 이미 늦었다.

최근 초등학생이 스마트폰을 갖고 다니는 것도 매우 흔해졌다. 아이들은 대부분 스마트폰을 이용해서 사이버 세계를 돌아다닌다. 그래서 부모는 아이에게 스마트폰을 사줄 때 어떻게 사용할지에 대해 확실하게 다짐받아 놓아야 한다. 이것이 핵심이다.

인터넷의 소셜네트워크서비스(SNS)를 이용해 친구와 적절한 소통을 하는 것은 권장할 일이다. 하지만 이 과정에서 따돌림이나 낯선 사람과 친구가 되어 엉뚱한 사건에 휘말리는 상황이 발생할 수 있다. 일상생활 중에 이런 위험이 숨어 있으니 아이에게 조심하라고 일러둘 필요가 있다.

그 밖에도 정보가 일단 인터넷에서 퍼지면 없애기가 쉽지 않다. 그러니 아이들에게 개인 정보를 잘 보호하라고 주의를 줄 필요가 있다.

반대로 인터넷에는 익명으로 정보를 올릴 수 있기에 다른 사람을 비방하는 경우가 끊임없이 벌어진다. 그러나 내 아이가 그중한 사람이 된다면 너무나 실망스러울 것이다. 또한 이런 사람의 공격 목표가 되는 것도 피해야 할 일이다. 그러므로 나는 늘 아이들에게 이렇게 가르쳤다.

"익명으로라도 다른 사람에게 상처를 줄 권리는 없어. 자유롭게 의사를 표현하는 것은 좋지만, 건설적인 발언을 해야 한단다. 인터넷과의 관계를 제대로 처리하는 것이 좋아."

나의 아이들은 니시마치 국제학교에 들어간 뒤 즉시 컴퓨터를 받았다. 컴퓨터의 기본 원리와 구조에 관해 초등학교 때부터 배우기 시작했다. 물론 인터넷을 사용할 때의 주의사항도 배웠다. '다른 사람의 글이나 의견을 베끼지 말 것' 같은 규칙이다.

최근에도 '복사하여 붙이기'를 이용해서 논문이나 작품을 베껴서 문제가 생긴 사건이 발생했다. 이런 상황에서 부모는 아이들을 가르치는 책임을 져야 한다.


인터넷의 검색 기록은 조사하려고만 하면 얼마든지 조사할 수 있다. 투명한 유리로 만들어진 방 안에 앉아 있는 것과 똑같다. 24시간 내내 다른 사람에게 감시와 통제를 당할 수도 있다. 어쩌면 학교에서는 부인할지도 모르지만, 어떤 대학은 학생들이 인터넷에 올리는 내용, 페이스북 관계 등의 정보를 수집하고 감시한다. 확실히 그런 대학들은 학생들의 일상적 대화, 교우 관계, 인터넷에 쓴 글들을 참고자료로 삼아 입학 여부를 결정하기도 하므로, 인터넷 활동에도 조심할 필요가 있다.

지금 전 세계는 완전히 새로운 시대로 나아가고 있다. 부모들은 새로운 문물의 장점과 위험을 미리 파악하고 아이들을 교육해야 한다.

# 스탠퍼드 등 세계 명문대에
# 진학한 학생들의 여가 습관

**01** 음악회나 미술 전시회, 댄스 등 관련 동아리에 될 수 있으면 참여한다. 감수성 발달과 스트레스 해소에 좋다.

**06** 다양하고 꾸준한 봉사활동으로 리더십을 키운다. 이러한 활동을 통한 경험을 자신의 진로에 결부시킨다.

**02** 정서적 활동과 사회 참여를 통해 창의력의 핵심인 우뇌가 발달된다.

**07** 주 1~2회, 맑은 공기를 마시며 산책한다. 산책 후에는 머리가 맑아져서 사고력이 좋아진다.

**03** 다양한 경험을 할 수 있도록 여행을 자주 한다.

**08** TV 뉴스와 시사 프로그램을 시청한다. 수준 높은 관련 프로그램을 접할 수 있다.

**04** 열 손가락을 모두 사용하는 악기를 배운다. 피아노, 플루트와 같은 악기를 연주하면 모든 손가락을 움직여야 하므로 두뇌가 크게 활성화된다.

**09** SNS를 이용하여 공부 진행 과정이나 정보를(국내외 전문가) 공유한다. 팔로워를 통해 새로운 고급 정보를 얻을 수 있다.

**05** 혼자 하는 운동보다는 여럿이 하는 단체운동에 참여한다. 사회성 등 공동체 의식을 접할 좋은 기회이다.

**10** 친구들의 생일 같은 기념일에 가급적 참석한다. 좋은 친구들과 깊은 우정을 나누게 된다.

교육 엄마: 공부 좋아하는 아이로 키우는 9가지 방법

# Chapter 5

# 교육 엄마: 사춘기 아이를 대하는 6가지 방법

| 소통의 힘 |

50 Education Methods from a Mother
Who Put 3 Sons into Stanford University

# 44

## 아이에게 호르몬에
## 관해 설명해 주어라

사춘기에 초조하고 불안한 것은 자신의 잘못도,
부모나 사회의 문제도 아닌 호르몬 때문이다.

아이가 사춘기(11~18세)에 접어들면 신체 성장이 빨라지고 어린아이에서 소년·소녀로 변화한다. 많은 경우 부모의 의견에 반항적인 성향을 보이기도 한다. 어떤 사람은 이 시기를 성장기의 '반항기'라고 부른다. 사실 사춘기는 질풍노도의 시기로, 이 시기를 맞이한 아이들에게 주의를 기울여 대해야 한다. 신체적인 변화역시 충분히 이해해 줘야 한다. 그래야 가정의 화목을 도모할 수있고 아이의 학업에도 도움이 된다.

나는 아들들이 아홉 살이 됐을 때부터 사춘기에 대비했다. 무엇보다 먼저 호르몬의 원리를 가르쳤다.

"사춘기가 되면 남자아이는 성장해서 남자가 된단다. 여자아이는 여자가 되지. 신체에 커다란 변화가 생기는 거야. 이런 변화의 원인이 바로 '성장호르몬'이야. 그리고 여성화 혹은 남성화에 영향을 주는 여성호르몬, 남성호르몬도 있어. 호르몬이란 우리 몸의 한 부분에서 분비되어 혈액을 통해 이동하는 일종의 화학물질인데, 우리 몸에 호르몬이 생겨나면 갑자기 초조해지고, 화가 나고, 잠이 오지 않거나 울고 싶어져. 때로는 웃고 싶어지기도 하지, 아니면 침대에 늘어져서 꼼짝도 하기 싫어지는 경우도 있어.

자, 이제 호르몬이 얼마나 대단한지 알겠지? 어떨 때는 우리가 자기 자신의 마음을 통제하지 못하기도 하고. 그래서 사춘기가 되면 초조하고 쉽게 화가 나기도 하는 거야. 그건 다른 사람을 탓할 수도 없어. 자신의 잘못도, 엄마의 잘못도, 친구나 사회의 잘못도 아니거든. 단지 호르몬과 관계된 일이란다."

"그러니까 호르몬은 하루 중에 파도처럼 몰려왔다가 사라지고는 한단다. 냉정해지기를 기다리면 다시 평소 상태로 돌아와. 만약 그런 기분이 들면 당황하지 말고 차분하게 지나가기를 기다리렴."

이 시기, 나는 아이들에게 남녀 신체 변화를 묘사한 그림이나 교육용 영화를 보여주며 필요한 성교육을 해주었다.

"인류는 바로 이렇게 이 세계에서 생존하고 자손을 낳아서 번영해왔어. 사춘기를 지나면 인생에서 가장 즐거운 시기가 온단다. 그때가 되면 우리 몸에는 활력이 넘치고 이성을 사랑하는 마음이 생기기도 한단다. 지금까지와 다른 날들이 네 눈앞에 펼쳐지기도 하고."

호르몬 교육 덕분인지 나의 세 아들에게서는 소위 '반항기'라고 하는 사춘기 현상은 보이지 않았다.

어떨 때는 형이 동생을 향해 참지 못하고 큰 소리를 치는 상황이 벌어지기도 했다. 하지만 감정이 가라앉으면 형이 동생에게 사과했다. 나도 분위기를 부드럽게 풀어주었다.

"형이 잘못한 게 아니라 호르몬이 문제라니까."

사람은 사춘기 때 좀 더 민감하다. 이때는 자신의 감정이 불안정한 원인도 모르고 아이는 다른 곳에서 원인을 찾는다.

"정말 화가 나! 분명히 저 녀석이 나를 이상하게 쳐다봐서 그래!"

"분명히 아빠 엄마 잘못이야!"

"이건 다 선생님 탓이야."

다들 이렇게 생각하는 것이다. 만약 부모도 철저하게 호르몬의 구조를 이해하지 못한다면 자기 자식이 '반항기가 왔나?'라고 생각할 것이다. 그런 다음 조심스럽게 아이를 화나게 하지 않으려고 애를 쓸 뿐 다른 해결책이 없다. 그렇게 하면 부모 자식 사이가 점점 멀어진다.

"초조한 감정이 생기는 건 누구나 겪는 자연스러운 현상이야."

"걱정하지 말고, 지금 이 시기가 지나가면 원래대로 돌아갈 거야. 아니지, 아니야! 전보다 훨씬 더 멋지게 달라질 거란다."

만약 좀 더 일찍 아이들에게 이런 사실을 알려준다면 아이들은 더 빨리 냉정을 찾고 사춘기라는 난관을 더 쉽게 빠져나올 수 있다. 사춘기는 동시에 학업에서도 힘을 내야 할 때다. 이 시기에 호르몬의 구조를 이해하느냐 아니냐는 공부에 집중하는 데 큰 영향을 미친다.

아이에게 사춘기가 오기 전에 반드시 호르몬의 원리부터 알려주자.

# 45

## 자아정체성의 확립

자아정체성이 확고해야
나 자신을 잃지 않는다.

아이들이 태어나기 전부터 나는 줄곧 '자아정체성 교육'에 관심이 많았다.

자아정체성이란 '나는 누구인가?', '나는 왜 여기 있는가?', '앞으로 어디로 가야 하는가?'의 세 가지 질문에 대답할 수 있는 것을 말한다. 이 질문에 대답할 수 있으면 인간은 누구나 삶의 방향을 잃지 않고 자신의 길을 향해 곧바로 나아갈 수 있다.

심지어 내가 아이를 낳다가 불행히도 세상을 떠난다면?

이 질문만큼은 내 아이에게 남겨주리라 생각하기도 했다. 그렇다면 나는 어떻게 해야 할까? 기나긴 생각 끝에 나는 아들이 태어날 출생지를 선택했다.

우리 집은 일본에 있다. 내 남편이 일본인이기에 일반적으로는 일본에서 아이를 낳는 것이 맞다. 하지만 나는 일본에서 아이를 낳지 않기로 마음먹었다. 큰아들은 캐나다에서, 둘째 아들은 미국에서, 셋째 아들은 홍콩에서 낳았다. 세 아들을 각각 다른 나라에서 낳은 것은 나 나름의 이유가 있었다.

아이들이 자라서 어른이 되면 자신이 왜 그 나라에서 태어났는지를 물을 것이다. 나는 아이들이 그 이유를 생각해보기를 바랐다.

내 몸에는 일본인과 홍콩인의 두 가지 피가 흐른다. 왜 그럴까? 나는 일본인인가? 홍콩인인가? 아니면 중국인인가? 혹은 캐나다인, 미국인일까? 아니면 지구인이라고 해야 할까?

나는 아들들이 이런 각종 의문과 고민 후에 자신의 정체성을 찾아내길 바랐다.

나의 이런 생각은 아이들의 이름에도 반영됐다.

남편과 상의해 아이들의 이름에 약간씩 의미를 담았다. 가즈헤이[和平], 쇼우헤이[昇平], 교우헤이[協平]라는 이름에 모두 '평(平)' 자를 넣은 것이다. 아이들이 자신의 이름을 쓸 때마다 '평화'를 연상하기를 바라는 마음이었다.

가즈헤이의 한자 화평(和平)은 평화라는 뜻이다. 쇼우헤이의 승평(昇平)은 태양이 떠오르는 곳은 어디나 평화로운 곳이라는 의미이고, 교우헤이의 협평(協平)은 세 형제가 협력하고 평화를 수호하라는 뜻이다.

우리가 결혼할 때도, 지금도, 중국과 일본의 관계는 그다지 좋지 않았다. 그래서 나는 아이들이 평화의 의미를 깊이 생각해야 한다고 보았다. 그들의 몸에 중국과 일본 두 나라의 피가 흐르고, 두 나라에 모두 친척이 있다. 자신이 갈망하는 것이 무엇인가? 어떤 태도를 취해야 할까? 나는 아이들이 이런 문제에 마음을 쏟아 진지하게 사색해보기를 바랐다.

스탠퍼드대학교에 입학지원서를 제출할 때 가장 중요한 포인트는 바로 에세이다. 큰아들이 선택한 에세이 주제는 '자아정체성'이었다. 어느 날 우리 가족이 다 함께 텔레비전에서 축구 경기를 볼 때였다. 중국 응원단이 일본팀에게 야유를 퍼붓는 장면이 방송에 나왔다. 아들들은 당시 그 장면을 보고 크게 화를 냈고, 중국팀을 비난했다. 당시 내가 아들들에게 말했다.

"하지만 너희들은 중립이어야 해. 어쨌든 너희도 절반은 중국인이니까."

그 말을 듣던 아이들이 대답했다.

"하지만 중국 응원단의 행동이 잘못되었는걸요."

그렇게 나와 아이들은 논쟁하기 시작했다.

내가 아이들에게 물었다.

"너희들은 자신이 절반의 중국인이라는 정체성을 부끄럽게 생각하는 것 아니니?"

이 질문은 아이들의 강한 반발을 샀다.

"절대로 그런 생각이 아니에요. 우리는 엄마의 DNA를 늘 중요하게 생각했다고요."

그렇게 말하더니 아들들은 눈물을 흘렸다.

큰아들은 그 이야기를 에세이에 썼다. 아들의 결론은 이랬다.

"나는 국적, 민족에 대한 아무런 편견이 없다. 단지 한 사람으로서 무엇이 옳은지를 생각할 뿐이다."

아들의 에세이를 다 읽은 뒤 나도 눈물을 흘렸다.

큰아들은 이 일 때문에 고민했지만, 결론적으로 아들은 자신의 자아정체성을 확고하게 세우게 된 계기가 됐다.

사춘기인 아이들은 '나는 누구지? 나는 뭘 하고 싶지? 내가 하고 싶은 일을 하려면 어떻게 해야 하지?' 같은 질문을 하기 시작한다. 즉, 자아를 찾아낼 시기다.

"나는 도대체 누구인가?"

"어떻게 해야 옳은가?"

'자아 찾기'란 결코 쉬운 일이 아니다. 국가와 사회 사이에서 자신이 어떤 역할을 할 것인지, 자아 가치는 무엇인지, 답을 찾기까지 오랜 시간이 필요하다. 하지만 힘들게 생각한 후에 자신이 다른 누구도 아니며, 나 자신일 뿐이라는 사실을 인식하게 된다면 이는 아이의 공부와 진학 방면의 우려도 눈 녹듯 사라질 것이다.

자아정체성이 확립된 아이는 매일의 생활에서 큰 의미를 느낄 수 있다. 목표를 갖고 행복한 인생을 살아갈 수 있는 것이다. 부모님들은 이 시기에 아이들 곁에서 좀 더 많은 시간을 보내기를 바란다. 그리고 그들에게 질문하길 바란다.

"너는 누구일까?"

"너는 왜 여기에 있을까?"

"앞으로 어떤 일을 해야 할까?"

이렇듯 아이와 함께 고민하고 생각하며 아이들을 도와줘야 한다. 아이들이 자신의 존재 의미를 발견하고 자아정체성을 확립하도록 해야 한다.

둘째와 셋째 역시 자신의 국적과 두 나라의 핏줄이라는 것에 대해 오랫동안 생각한 것 같다. 뿐만 아니라 자신의 입장을 누구보다 깊이 이해하고 있었다.

자아정체성을 확립한 아들들은 어떤 어려움이 닥치더라도 자신의 정체성을 쉽게 잃어버리지 않을 거로 믿는다. 그러나 이런 말도 있다. 사람은 일생 동안 세 번의 자아정체성 위기를 맞는다고 한다. 한 번은 사춘기이고, 두 번째는 직업을 구할 때나 결혼할 때다. 세 번째는 아이가 집을 떠나 독립하고 자신이 은퇴할 때다.

결국, 어느 날 나의 아들들도 남은 두 번의 자아정체성 위기를 맞이할 것이다. 아무리 고통스럽더라도 나는 아들들이 이미 정체

성을 확립했던 자기 자신을 되찾을 거라고 믿는다. 행복한 삶을
영위할 것을 믿는다.

# 46

## 차별하지 않는 마음

차이점을 받아들이고
다양성을 향유해야 한다.

스탠퍼드대학교의 박사 과정에는 필수 과목이 하나 있다. 바로 '도덕윤리'다. 이 과목의 목적은 학생들에게 다른 사람을 차별하지 말아야 하며, 다양성을 받아들여야 한다는 점을 주지시키는 것이다. 나 역시 과거에 이 과목을 수강했다. 어느 날 교수님이 수업 중에 이렇게 말했다.

"지금 모의 토론회를 개최하려고 합니다. 문제가 있다고 생각하는 점을 제시해 주시오."

토론회가 진행되는 동안 나는 어떤 문제점도 찾지 못했다. 교수님이 나에게 질문했을 때도 '모르겠다'고 대답할 수밖에 없었다. 하지만 한 클래스메이트가 곧바로 문제점을 제기했다.

"흑인 발언자의 경우 발언 시간이 짧고, 중간에 다른 사람에 의해 발언이 저지되는 경우가 많습니다."

그러고 보니 정말로 그랬다. 단일 민족으로 이뤄진 일본에서 오래 살았기 때문에 나는 차별 대우에 대한 감각이 둔감해진 것 같았다.

"이런 차별 대우를 인식하지 못하는 사람은 자신이 다른 사람을 차별할 때도 알아차리지 못할 가능성이 큽니다."

교수님의 말을 듣고, 나는 큰 충격을 받았다.

이런 경험을 거쳐 나는 아이들에게 어렸을 때부터 늘 이 세상에는 여러 국가와 민족, 종교, 사상이 있다는 점을 각인시켰다. 그러면서 다른 사람이 자신과 좀 다른 점이 있다는 것을 발견하더라도 그런 차이는 일종의 선물과 같다고 생각하고 두려워할 필요가 없다고 가르쳤다.

유학 기간 중, 나는 큰아들을 대학에 있는 위탁보육시설에 보냈다. 그곳에 다니는 어린아이들은 대부분 세계 각국에서 온 대학원생들의 자녀였다. 아들은 새로운 친구를 사귀었고, 나는 궁금증을 참지 못하고 이렇게 물었다.

"어느 나라에서 온 아이니?"

그 후 어느 날인가 아들이 갑자기 나에게 이렇게 말했다.

"엄마, 그 아이가 어느 나라에서 왔는지는 상관없는 거 아니에요? 어떤 아이인지가 더 중요한 거죠."

아들에게 이렇게 '훈계'를 받은 순간 얼마나 놀랐는지 모른다.

어른의 고정관념은 매우 강하다. 아무리 그 틀을 뛰어넘으려 애써도 쉽지 않다. 하지만 아이들의 대뇌는 어른보다 훨씬 유연해서 새로운 사람과 사물을 훨씬 솔직하게 받아들인다.


지금, 나의 아들들은 다양성을 이해하고 좋아하는 어른으로 성장했다. 아들들의 친구 중에는 국적, 인종, 종교가 다른 사람들이 즐비하다.

"엄마, 이 친구는 채식주의자예요. 그래서 고기는 먹을 수가 없어요."

"그때 그 친구는 종교적 신념 때문에 돼지고기를 먹지 않아요."

아들의 친구들은 정말로 다양했다. 비밀스럽게 이런 말을 해준 적도 있다.

"저 여자애는 애인이 여자예요."

우리는 이런 '차이'를 두려워해서는 안 된다. 반대로, 이런 차이를 더 좋다고 생각한다면 친구의 범위가 훨씬 넓어질 것이다. 지금 아들들은 세계 각국에 친구들이 포진해 있다. 무척 감사한 일이다.

최근 민족, 종교, 사상의 차이 때문에 벌어지는 분쟁과 테러 사건이 연이어 발생하고 있다. 차마 눈 뜨고 보기 힘든 참상도 많다.

만약 사람들이 서로의 차이를 인정하고 이해한다면 평화를 향해 나아갈 수 있을 것이다.

차이를 좋아하면 세상이 넓어진다.

그렇다! 차별 대우가 없는 평화로운 세계를 만들고 싶다면, 앞으로는 더욱더 다양성을 인정하고 각자의 다른 점 역시 인정해야한다. 나는 이 점이 무엇보다도 중요하다고 생각한다.

# 47

## 연애는 인생의
## 중요한 경험이다

연애는 아이에게 자기 자신과 타인을 더 아끼고
배려하도록 가르친다.

적령기의 남녀가 이성을 좋아하는 것보다 더 자연스러운 일은 없다. 건전한 남녀 교제를 나는 결코 반대한 적이 없다. 만약 연애와 이성 교제를 부정한다면 아이는 연애를 두려워하게 될 것이고, 건전한 남녀관계를 맺기 어려워진다. 그래서 아이의 연령대에 맞춰 적절한 성교육을 하는 것이 특히 중요하다고 생각한다. 그러나 일본에서는 일반적으로 이렇게 하지 않는 것 같다. 성교육은 학교에서만 가르치는 것이 아니라 가정에서도 필수적으로 가르쳐야 한다.

욕망을 만족시키기 위한 남녀관계는 두 사람 모두에게 나쁜 기억으로 남는다. 가끔은 벗어나기 힘들 정도로 나쁜 상황에 처할 수도 있다.

일반적으로 열두 살에서 열세 살이 되면 여자아이들은 초경을,

남자아이들은 몽정을 시작한다. 그때부터 성별 인식이 생기고 이성에 대한 관심과 호감이 시작된다. 그래서 나는 아들들이 중학교에 입학하기 전에 이렇게 설명했다.

"이성을 좋아하는 것은 정상적인 일이란다. 제일 사랑하는 사람과 결혼하고 새 생명을 낳아 기르는 것은 정말로 아름다운 일이야."

아이가 중학교에 입학한 뒤, 나는 아들들에게 건강하고 안전한 성(性) 지식을 가르쳤다.

"성이란 생명을 낳고 기를 수 있는 신비롭고 아름다운 일이란다. 두 사람이 서로 사랑하는 사이라면 매우 자연스러운 행위지."

우리 집에는 아들뿐이라서, 여자아이를 소중하게 대하는 것이 중요하다고 여러 차례 강조했다.

중학생은 여전히 어린아이라고 볼 수 있지만, 남자아이들은 이미 여성을 임신시킬 수 있을 만큼 성적으로 성장한다. 그래서 나는 이런 책임의 중대성을 아들들에게 주지시켰다.

"부모가 된다는 마음의 준비가 제대로 되지 않은 상태에서 무책임한 성관계를 가지는 것에는 절대 찬성할 수 없어."

현대사회에는 성과 관련된 정보가 넘쳐나고 있다. 아이들이 잘못된 가치관에 물들기 전에 부모와 솔직하게 성과 관련된 이야기를 나누는 것은 매우 중요하다고 본다. 어떤 사람들은 학생은 오로지 학업에 신경 쓰는 것이 옳다고 생각하고, 연애 같은 것은 시간 낭비라고 말한다. 그렇지만 나는 아이들에게 타인을 사랑하는 기쁨은 자연스럽고도 당연한 것이라고 말해주었다. 두려워하거나 피할 일이 아니라고 말이다.

물론 이성 교제란 아름다운 결실을 볼 때도 있지만, 좋아하는 상대에게 받아들여지지 않는 경우도 있다. 이런 경험도 사회를 배우는 과정이자 우리의 마음을 굳건하게 만들어주는 일이다.


우리 집 아들들은 중학교 때부터 각자 좋아하는 아이가 있었다. 그때는 아들들이 나에게 좋아하는 여자아이를 소개해주지 않았다. 고등학생이 되자 세 아들이 모두 미국으로 유학을 떠났다. 나는 아들들을 미국으로 보내면서 농담처럼 몇 마디 당부했다.

"No Drinking, No Drugs, No Baby!"(술, 마약, 임신만은 안된다.)

세 아들은 고등학교 때 진지하게 여자 친구를 사귀었고, 그녀들을 일본에 데려와 소개하기도 했다. 여자 친구가 생긴 뒤로 아들들은 학업에 소홀해지기는커녕 서로 격려하면서 더 적극적으로 학교생활을 하게 되었다. 연애를 통해 생활이 더 충실해지고 즐거워졌다.

연애가 아이들의 학업에 걸림돌이 되지 않게 하려면, 성(性)에 대한 이야기를 금기시해서는 안 된다. 적절한 시기가 되면 아이와 연애와 성에 대한 이야기를 허심탄회하게 나눌 필요가 있다. 무엇보다 중요한 것은 아이에게 사랑하는 사람을 아끼고 잘 대해 주도록 가르치는 일이다.

> **다르게 생각하는 사람**
>
> 헝가리의 신문기자였던 비로 라슬로는 기사를 쓸 때마다 일일이 잉크를 채워 사용해야 하는 만년필이 매우 불편했다. 잉크가 손에 묻거나 원고지에 얼룩지는 일이 많았고, 날카로운 펜촉에 원고지가 찢어지는 경우도 잦았다. 그는 신문 인쇄용 잉크는 금방 마르고 번지지도 않는다는 것을 깨닫고 신문 인쇄용 잉크를 만년필에 사용했다. 하지만 그마저도 농도가 너무 진해 펜촉에 흘러나오지 않는 문제가 있었다.
>
> 그는 화학자인 동생 게오르규의 도움을 받아 튜브 끝에 작은 금속 알(ball)을 집어넣었다. 오늘날의 볼펜이 탄생하는 순간이었다. 그보다 앞서 17세기의 갈릴레오 갈릴레이와 1888년의 존 라우드가 볼펜을 만들기 위해 노력했지만, 상용화에는 실패했다. 허비되는 시간이 아까웠던 한 신문기자의 끈질긴 연구 끝에 볼펜은 탄생하였다.

# 48

## 인생 철학을
## 아이와 토론하라

철학이나 인생에 대해 함께 토론하는 일은
사춘기의 아이들에게 꼭 필요한 일이다.

열 몇 살이 되면 철학적 문제에 부딪히기 시작한다.

"나는 왜 태어났지?"

"인간은 왜 죽는 걸까?"

"세상에는 신이 있을까?"

이런 문제의 해답을 사색하는 것은 종종 젊은이들을 고통스러
운 고민 속에 빠뜨린다. 이 시기에, 나는 일부러 아이들에게 꽤 난
이도가 있는 철학책을 읽도록 권유했다.

《소피의 세계》를 아들들은 상당히 좋아했다. 그 외에도 J. D.
샐린저의 소설 《프래니와 주이》도 내가 아들들에게 추천한 책이
다. 《소피의 세계》는 철학 입문서로 유명한 책으로, 소설의 형식
이지만 수많은 철학자의 사상을 접하고 배울 수 있다. 《프래니와

주이》는 내가 사춘기 때 특히 좋아했던 작품으로, 내 인생의 철학적 문제들을 해결하는 데 큰 도움이 된 책이기도 하다.

나는 천주교를 믿지만, 사춘기에 들어서면서 한동안 '정말로 신이 존재하는가'라는 고민에 빠진 적이 있었다. 《프래니와 주이》의 주인공도 나와 같은 고민을 한다. 주인공 프래니의 오빠 주이는 천재 소년으로 유명해서 자주 라디오 방송을 녹음하러 갔다. 주이는 늘 자신의 가죽구두를 반짝반짝 광을 냈는데, 프래니가 이렇게 묻는다.

"아무도 구두를 보지 못할 텐데 왜 그렇게 열심히 닦는 거야?"

주이가 대답한다.

"거기 앉아 있는 뚱뚱한 아주머니를 위해서지."

이 장면에는 한 가지 정보가 담겨 있다. 바로 '신은 어디에나 존재한다'는 사실이다. 나는 이 장면을 정말 좋아했다. 그때부터 나는 신은 머나먼 피안(彼岸)에 존재하는지도 모르지만, 사실 모든 사람이 다 신일 수 있다고 생각했다.

나는 아들들이 샐린저의 이 소설을 읽고서 나와 비슷한 생각을 하게 될지 아닐지는 알 수 없었다. 하지만 큰아들과 둘째 아들이 고등학교에 입학한 뒤에는 졸업 논문의 자유 주제로 종교를 선택해 공부를 했다.

아들들은 어떤 특정한 종교를 믿지는 않지만 삶과 죽음, 그리고 이 세상에서 살아간다는 것에 대해 자신만의 관점을 갖게 된 것 같았다.

사실상 인간 지성을 초월한 거대한 힘이 존재하는가 하는 문제는 부모도, 교사도, 누구도 분명하게 설명할 수 없다. 이런 수수께끼를 품고 성장하고 생활하는 것은 인생의 커다란 과제이다. 이런 중차대한 고민이 나타나기 시작하면, 아이들의 사춘기가 시작됐다는 신호다.

이때, 부모들은 반드시 아이에게 탄탄한 이정표를 세워줘야 한다. 아이에게 생각의 실마리를 제공하는 것이다. 철학책 한 권을 권해주어도 좋고, 어느 역사 인물이나 사상가의 명언 한 마디를 들려주어도 좋다. 어쨌든, 아이와 함께 사색하고 고민해야 한다. 적어도 '명확하지 않은 문제가 존재하기에 인생이 재미있는 것 아니겠니' 같은 말 한마디뿐일지라도 아이들의 정서가 안정될 수 있다.

함께 사색하고 고민하고 함께 인생의 불가사의 속을 걷는다. 난해하고 어렵다는 이유로 멀리하지 말고 사물의 진리와 기원을 더불어 탐구하자. 사춘기 교육에서는 철학 방면의 지도 역시 매우 중요하다.

# 49

## 다툰 뒤에는
## 정면으로 소통하자

부모 자식 관계에 틈이 생기면 행동으로
사랑을 보여줘야 한다.

 

부모가 아이에게 아무리 마음을 써주어도 종종 서로 삐걱거릴 때가 있다.

큰아들이 스탠퍼드대학교에 입학하던 날의 일이다. 그날 나는 첫째와 크게 다퉜다. 막 입학식이 끝나고 기숙사로 돌아온 뒤, 내가 떠날 채비를 하던 중이었다.

"제가 고등학교 다닐 때는 엄마가 학교 공연이나 행사에 거의 온 적이 없었는데, 동생들이 고등학교에 입학하면 많이 참석해 주세요."

아들의 말투는 반쯤 쓸쓸했고 반쯤 원망하는 듯했다.

확실히 그랬다. 첫째는 모든 학생이 기숙사 생활을 하는 대처 고등학교를 다녔다. 학교에서 여러 행사를 열었지만 나는 거의 가본 적이 없었다. 둘째와 셋째 아들이 아직 어렸고, 내 일도 많이 바쁠 때여서 시간 내기가 어려웠다.

첫째는 대처고등학교에서 아시아인 학생 최초로 학교 뮤지컬의 주인공을 맡았다. 아들의 고등학교 시절에서 매우 중요한 행사였는데, 나는 아들이 무대에서 평소와는 다른 모습을 보여주는 장면을 직접 보지 못했다. 당시 나도 아들에게 물어봤다.

"엄마가 가는 게 좋겠니?"

아들은 이렇게 대답했다.

"안 오셔도 괜찮아요."

그래서 나도 별생각 없이 지나쳤다. 지금 생각하면 그때 큰아들은 많이 외로웠을 것이다. 나 역시 그때가 후회스러웠다.

"그때 안 와도 괜찮다고 했잖니? 엄마가 와주길 바랐다면 말을 했어야지…."

"됐어요. 그냥 그렇다고요."

그날 아들은 그렇게 한마디만 남기고는 기숙사를 나섰다. 아들은 친구들과 함께 입학식 OT에 갔다. 나는 그날 저녁 로스앤젤레스로 갈 예정이었다. 이튿날 아침 음반사와 회의를 해야 했다. 스탠퍼드대학교에서 로스앤젤레스까지는 차로 여덟 시간 운전해야 한다.

차를 타고 세 시간을 운전했다. 나는 방금 큰아들과의 그 대화가 너무나 마음에 걸렸다. 그 말이 머릿속을 계속 맴돌았다.

'그 애와 제대로 대화를 해야 해….'

나는 차를 돌려 다시 스탠퍼드대학교를 향해 달렸다. 아들의 기숙사에 도착해서 전화를 걸었다.

"엄마? 벌써 로스앤젤레스예요? 엄청 빠르네요!"

"아니야. 다시 돌아왔어. 지금 네 기숙사에 와 있단다."

내 말을 들은 아들은 펄쩍 뛰었다.

"돌아오셨어요? 왜요?"

"너한테 정식으로 사과하려고."

큰아들도 기숙사로 돌아왔다. 아들은 눈에 눈물이 그렁그렁한 채 말했다.

"엄마는 정말 못 당하겠어요. 용서해드릴게요."

그렇게 말하고는 나와 아들은 서로를 꼭 안아주었다.

큰아들에게 외로움을 느끼게 했던 일은 이미 되돌릴 수 없는 일이 되었다. 하지만 '미안하다'고 진심을 담아 말할 수 있다면, 마음속 깊이 서로를 이해할 수 있다면, 그것만큼 좋은 일도 없을 것이다. 그날 밤, 나는 밤새 차를 운전해야 했다. 하지만 내 진심이 큰아들의 마음에 전해졌기 때문에 무척 행복했다.


둘째 아들과도 비슷한 일이 있었다. 스탠퍼드대학교에 다니던 어느 날, 둘째가 이렇게 말했다.

"나만 엄마한테 별로 사랑받지 못했다는 생각이 들어요."

전혀 생각지도 못한 말이었다. 하지만 종종 둘째 아들에게 이렇게 말한 기억이 났다.

"너는 엄마보다 아빠와 잘 통하는 것 같아. 네가 아빠한테 착 달라붙어 있잖니."

둘째가 고등학교에 다닐 때, 인터넷에 자작곡을 올려서 화제가 된 적이 있다. 미국의 어느 음반사에서 계약하자고 할 정도였다. 하지만 평소 남편은 늘 아이들에게 주의를 주곤 했었다.

"연예계는 아주 잔혹한 세계란다. 착실하게 대학을 졸업하고 평범한 직업을 가지는 게 좋다고 생각한다."

그래서 둘째는 그때 우리에게 알리지도 않고 음반사의 제의를 거절했다. 만약 내가 둘째 아들이 음악을 하는 문제를 더 지지해 주었다면, 그리고 좀 더 일찍 그 일을 알았다면 분명히 아들에게 음악을 하라고 권유했을 것이다. 그래서 나중에 그 말을 듣고는 크게 후회했다. 이렇듯 둘째가 스무 살이 넘은 뒤로는 아들과 나 사이의 거리가 멀어진 느낌을 받던 차였다.

나는 관계를 회복하기 위해 일정을 조정했다. 그러고는 아이의 미국 아파트에서 3주 정도 머물렀다. 그 후 둘째는 스탠퍼드대학교의 학생 뮤지컬에서 주인공을 맡아 해외에 나가서 공연할 기회가 생겼을 때는 '쇼우헤이의 팬이 되겠다'고 선언하곤 셋째를 데리고 줄곧 아들의 공연을 따라 다녔다. 그렇게 둘째가 한국, 중국, 마카오 등지에서 공연하는 모습을 지켜봤고, 스탠퍼드대학교 공연팀의 다른 학생들과도 친해졌다.

마지막 공연은 뉴욕에서 열릴 예정이었다.

우리는 공연팀과 같은 숙소에 묵었고, 마지막 공연을 무척 기대했다. 그런데 공연 당일 태풍 허리케인이 불어닥치면서 공연이 취소되고 말았다.

실망에 빠진 학생들을 위로하려고 내가 허드슨강에 가서 배를 타자고 제안했다. 허리케인이 가라앉은 뒤 모두 배를 타고 준비한 음식을 먹으면서 뉴욕의 야경을 감상했다. 젊은이들은 음악에 맞춰 춤을 추기도 했다.

갑자기 둘째 아들이 나에게 다가왔다.

"엄마, 같이 춤춰요!"

무척 부끄러웠지만, 그때는 정말 즐거웠다. 아들의 친구들도 손뼉을 쳐주었다.

둘째 아들이 조금 머뭇거리면서 나에게 말했다.

"원래는 계속 엄마하고 대립하려고 했어요. 그런데 아무리 생각해도 엄마를 미워할 이유를 찾을 수가 없더라고요. 정말로 고마워요. 사랑해요."

자식을 키우면 꼭 보답을 받는다는 말을 종종 듣는다. 그 순간 정말로 그간의 모든 노력이 다 가치 있었다는 생각이 들었다.

부모 자식 관계에 거리가 생겼을 때, 아주 작은 신호라도 소홀히 넘기지 말고 즉각 문제 해결에 나서야 한다. 무엇보다도 행동으로 자식에 대한 사랑을 보여줘야 하고, 아이와 정면으로 소통하는 것이 중요하다. 정성을 다하면 쇠도 녹인다는 말이 있다. 진심으로 대하면 자식과의 관계도 반드시 좋은 방향으로 흘러간다.

자식을 키우는 부모들은 누구나 어려움을 겪지만, 어려움을 겪고 위기가 닥치는 것을 일종의 행운이라고 볼 수도 있다. 자녀 교육 문제는 사람마다 상황마다 다르기 때문에 일괄적으로 어떤 해결 방법을 찾기는 쉽지 않다. 다만 내게 한 가지 원칙이 있었다.

자녀 교육에서 어려움을 겪을 때는 반드시 아이들과 의논한다는 것이었다. 그런 과정을 통해 어떤 일이 있어도 아이들을 사랑한다는 마음을 표현하고자 했다. 그러면 아이들은 엄마와 소통할 수 있다고 확신한다. 사실 부모와 자식 사이에서 꼭 의견이 일치할 필요는 없다. 서로 사랑하고 아낀다는 사실을 굳게 믿기만 하면 많은 문제가 해결된다. 부모가 자신을 조건 없이 사랑한다는 점을 알려주면, 아이들의 문제는 큰 것은 작아지고 작은 것은 곧 사라질 것

# 스탠퍼드 등 세계 명문대에
# 진학한 학생들 부모의 지도법

**01** 어릴 때부터 다양한 봉사활동을 경험하게 한다. 나눔의 가치를 깨닫는다.

**02** 질문하는 교육을 유도하라. 좋은 다양한 분야의 호기심을 충족시킨다.

**03** 결과에 대한 칭찬보다 과정에 대한 격려에 더 신경 써라. 아이 스스로 포기하지 않게 끊임없이 동기부여를 하라.

**04** 질서 의식과 예의범절을 가르쳐라.

**05** 기부의 가치를 알려주고 작게나마 실천하게 하라. 자선 행위 통해 세계를 배운다.

**06** 자립정신을 키워주어라. 스스로 인생을 책임질 수 있도록 자립심을 키워준다.

**07** 논리력 · 사고력을 키워주는 토론 교육을 해라. 자기 생각을 표현하는 것을 두려워하지 않는다.

**08** 아이 스스로 하고자 하는 일은 최대한 수용하라.

**09** 부모의 지나친 간섭은 악영향을 끼칠 수 있다. 최소한의 간섭과 최대한의 사랑을 베풀자.

**10** 영상매체로 된 각종 시사, 역사 등 다큐멘터리 시청을 장려하라. 창의성 발달에 유익하다.

# Chapter 6

# 교육 엄마의 조언: 스탠퍼드대학교로 가는 길

| 목표가 생기면 길이 있다 |

50 Education Methods from a Mother
Who Put 3 Sons into Stanford University

# 50

## 학비 때문에
## 꿈을 포기하지 말자

장학금 제도를 이용하면
스탠퍼드대학교도 멀지 않다.


스탠퍼드대학교는 사립학교이고, 학비가 매우 비싼 편이다. 우리 아들들은 초등학교와 중학교는 일본에 있는 국제학교에 다녔고, 고등학교는 미국의 기숙사 학교에 다녔다. 그런데 대학도 스탠퍼드대학교에 갔기 때문에 교육비 지출은 당연히 클 수밖에 없었다.

자식을 키우는 과정에서 우리 부부는 부단히 노력했고 밤낮을 가리지 않고 열심히 일했다. 그렇게 벌어들인 수입은 기본적으로 자식들의 교육을 위해 투자했다.

어떤 사람은 이렇게 말할지도 모른다.

"보통 가정에서는 사립학교의 학비를 부담하기 어렵다. 어떻게 당신 가정의 상황을 그대로 따라 할 수 있겠는가."

하지만 전혀 방법이 없는 것은 아니다. 아들의 친구 중에는 장학금을 받아서 학교에 다닌 학생이 적잖다. 일본의 국제학교에도 장학금 제도가 마련되어 있다. 장학금 제도에 따라서는 발전 가능성이 큰 학생에게 학비를 낮춰주거나 심지어 전액 면제해주기도 한다.

아들들이 다녔던 니시마치 국제학교에도 아웃리치(Outreach)라고 부르는 장학금 제도가 있다. 부모의 수입에 따라 학비 일부 혹은 전액을 면제해준다. 일반적으로는 1년만 학비를 보조해주지만, 성적이 뛰어나면 졸업할 때까지 지원하는 경우도 있다. 다시 말해 실력이 있다면 경제적 이유로 꿈을 포기할 필요는 없다는 것이다.

미국 고등학교의 장학금 제도는 더욱 잘 정비되어 있다. 우리 집 세 아들은 대처고등학교에 다녔는데, 재학생 가운데 28%가 장학금 제도의 혜택을 받았다. 그러나 학교에 따라서는 외국인 학생은 장학금 신청을 제한하는 경우도 있다. 미국의 고등학교에 진학할 생각이라면 학교의 장학금 제도가 외국인 제한을 두는지도 꼼꼼히 살펴두는 것이 좋다.

물론, 경제적 조건이 여의치 않을 경우 아이를 고등학교 때부터 유학시키지 않아도 된다. 아들의 중학교 친구 중에는 일본에 있는 국제고등학교에 진학한 뒤 해외 대학에 유학한 경우도 많다. 만약 일본 현지에서 학교에 다니면 장학금 제도를 이용하는 데 아무런 제약도 없는 데다 졸업 후에 일본 명문 대학으로 곧바로 승급하여 진학하는 것도 가능하므로 선택 범위가 더 넓어지는 경우도 있다. 마음만 먹으면 방법은 어디에나 있다. 무엇보다 중요한 것은 꿈을 포기하지 않는 것이다.

미국에서는 적잖은 대학이 외국 학생을 위한 장학금 제도를 운영한다. 스탠퍼드대학교 역시 그렇다. 만약 장학금을 받을 필요가 있다면 신청서를 제출할 때 학자금 지원(Financial Aid)이라는 점을 명시해야 한다. 이 점을 분명히 하지 않으면 정식 입학 후에 재신청이 불가능해진다.

장학금은 대상 가정의 경제적 상황에 따라 각기 다르게 책정된다. 부모의 수입이 연간 6만 5천 달러 이하인 학생은 입학 후 부모의 부담이 전혀 없다. 학비, 기숙사비, 식비, 생활비까지 모두 학교에서 제공한다. 연 수입이 12만 5천 달러 이하인 가정도 우선적으로 장학금을 받을 수 있다.

부모의 수입이 높은 가정이라도 같은 대학에 입학한 자녀가 더 있다면 마찬가지로 장학금을 신청할 수 있다.

학비가 낮은 편은 아니지만 합격하기만 하면 어떻게든 학비 문제는 해결할 방법이 다양하게 마련되어 있다. 이것도 일류 대학임을 증명하는 부분이다. 입학할 만하다고 인정된 학생에 대해서는 학생이 정상적으로 학교생활을 할 수 있도록 학교 측에서 경제적인 보장을 해주는 것이다.

현재 스탠퍼드대학교 학생 중 85%가 많든 적든 재정 지원을 받고 있다. 돈이 없어서 스탠퍼드대학교에 가지 못하는 일은 없다. 그러니 경제적인 이유로 꿈을 포기하지 않길 바란다.

"노력한다면 스탠퍼드대학교 입학은 절대 꿈이 아니다."

나의 은사 마이라 스트로버 박사가 늘 입버릇처럼 하던 말이다.

〈포브스〉지의 통계에 따르면, 스탠퍼드대학교는 대학 교육에 대한 투자수익률이 전미 3위인 학교다. 스탠퍼드대학교 졸업생의 수입은 하버드나 프린스턴대학 졸업생들보다 좀 더 높다.

교육에 대한 투자는 결코 재화의 낭비가 아니다. 나는 교육 투자야말로 가장 수익률이 높은 투자라고 생각한다.

부모로서 자식에게 단 한 가지를 남겨줄 수 있다면 무엇을 남겨줘야 할까? 나는 자식에게 높은 수준의 교육을 제공하여 아이의 머릿속에 아무에게도 빼앗기지 않을 '지식'을 남겨줘야 한다고 굳게 믿고 있다. 내 아버지가 나에게 가르쳐주었던 것처럼 말이다.

### 다르게 생각하는 사람

스무 살에 홀로 미국에 망명해 인텔 회장직까지 오른 앤드루 그로브는 실패를 인정할 줄 아는 기업가였다. 1994년 어느 수학 교수가 인텔 펜티엄칩의 계산 기능에 문제를 제기했다. 인텔 기술진은 교수가 지적한 계산 기능의 오류를 대단치 않은 것으로 치부했다. 90억 번에 한 번 발생하는 오류로, 컴퓨터 사용자가 2만 7천 년에 한 번 겪을 정도에 불과하다는 것이었다.

하지만 앤드루 그로브는 고객들의 신뢰를 얻기 위해 아무리 사소한 실수라도 그냥 넘어가서는 안 된다고 생각했다. 누구나 실패할 수는 있지만, 중요한 것은 실패를 인정하고 반복하지 않는 것이라고 보았다. 그로브는 '무조건 보상'이라는 결단을 내렸다. 그러고는 고객의 신뢰를 회복하는 비용으로 무려 4억 7500만 달러를 투입했고, 이후 인텔은 CPU 분야의 최강자로 우뚝 섰다.

# 스탠퍼드대학교 입학지원서

스탠퍼드대학교에서는 입학 신청을 하는 학생을 위해 따로 홈페이지를 개설했다. 홈페이지를 열면 곧바로 다음과 같은 말이 눈에 들어온다.

"자신의 성취에 자신감을 가져라. 자신이 가고자 하는 길을 믿어라. 자신을 신뢰하고 나를 어떻게 드러낼지 생각하라."

영어 단어 'believe', 'confidence', 'trust'가 나온다. 믿다, 자신감, 신뢰하다, 이 세 가지를 영원히 가슴에 새기고 자아의 중요성을 믿으라고 강조한다. 다시 말해 자신감을 갖는 것이 무엇보다도 선행되는 전제조건이다.

이제 아들들이 썼던 입학지원서의 내용을 간단히 소개하려고 한다. 앞으로 스탠퍼드대학교에 도전하려는 여러 학생에게 조금이나마 참고가 되길 바란다.

2015년, 막내가 스탠퍼드대학교에 합격했다. 그해 스탠퍼드대학교의 입학 신청자는 4만 2497명이었다. 그중 합격자는 2,142명이다. 합격률 5%, 경쟁률은 20대1이 넘었다.

스탠퍼드대학교는 학생의 과거 4년간의 성적과 미국 대학입학 자격시험, 즉 SAT[8] 혹은 ACT[9]의 성적, 입학지원 에세이, 학교가 제시한 과제에 대해 쓴 리포트, 고등학교 선생님의 추천서 등을 종합적으로 판단하여 학생을 선발한다.

대학 측에서 발표한 통계에 따르면, 그해 합격한 학생의 과거 4년간 시험 성적(GPA)[10]의 평균점수는 4점 만점에 4점 이상이

---

**8** SAT(Scholastic Assessment Test)
비영리법인 미국 대학위원회(College Board)가 주관하는 시험으로, 현재 미국 대학에 지원하는 학생들이 가장 많이 치르는 시험이다. 시험 과목은 읽기, 쓰기, 수학 등이다. 보통 1년에 7번 시험을 치르고, 응시 횟수 제한은 없다. 대학에 따라 가장 높은 성적을 요구하기도 하고 응시한 시험 성적 전체를 요구하기도 한다.

**9** ACT(American College Test)
민간 기업이 주관하는 시험으로, 대학에 지원하려는 미국 고등학생은 누구나 참가할 수 있다. 시험 과목은 영어, 수학, 과학, 읽기 등이다. 총점이 아니라 네 과목의 평균점수로 평가하며, 만점은 36점이다.

**10** GPA(Grade Point Average)
미국 대학에서 입학 사정을 위해 요구하는 고등학교 내신 성적 점수를 말한다. 유럽, 미국 등지의 고등학교와 대학에서 보편적으로 활용하는 시스템으로, 일본에서도 점점 많은 대학이 이 점수 체제를 도입하고 있다.

76%, 3.7~3.99점이 21%, 3.7점 이하가 3%다. 97%의 합격자가 원래 학교의 성적에서 학년 상위 10%에 속했다.

대학입학자격시험(SAT)은 수학, 읽기, 쓰기 등 세 과목 시험을 치른다. 매 과목 시험은 800점으로 합산하면 2,400점을 만점으로 한다. 스탠퍼드대학교는 매 과목 최저 700점 이상을 요구한다. 마찬가지로 36점 만점인 ACT 시험은 스탠퍼드대학교 합격자의 89%가 30~36점을 받는다.

우리 아들들은 학교 성적이 좋은 편이었다. 4년간의 성적은 세 사람 다 4점을 넘었다. 어째서 이렇게 성적이 좋았느냐면, 미국의 고등학교에서는 대학 수준인 AP[11] 코스를 개설하고 있기 때문이다.

스탠퍼드대학교는 학생이 AP 코스의 시험을 몇 번 치렀는지를 관심 있게 살핀다.

AP 시험은 5점 만점이다. 응시한 AP 시험이 많고 성적이 좋을수록 평균점수가 높아진다. 아들들은 AP 시험에 적극적으로 참여했고, 덕분에 GPA 점수가 4점을 넘었다.

큰아들은 AP 시험에서 전국 최우수 레벨에 뽑히는 영광을 누렸

---

11 AP(Advanced Placement) 코스
미국 고등학교에 개설된 커리큘럼으로, 일반 커리큘럼보다 수준 높은 수업이다. 이 커리큘럼을 수강한 학생은 미국 전역에서 통합 시행되는 AP 시험에 응시할 수 있다.

고, 막내아들은 AP 코스의 전국 시험에서 수상한 바 있다. 둘째 아들은 특별한 상을 받은 것은 없지만, 성적이 상당히 높았다. 이런 특별한 성과는 전부 평소의 노력 덕분이다. 좋은 성적을 받는 것은 가장 기본적인 조건이며, 자신이 얼마나 노력했느냐에 달렸다.

다음은 SAT 혹은 ACT 시험이다. 이 시험은 학습 능력을 측정하는 것으로, 기본적으로 대학들은 수학, 영어, 글쓰기 등 세 과목의 성적을 요구한다. 스탠퍼드대학교도 SAT나 ACT 중 하나의 시험 성적을 요구한다. 큰아들은 SAT 시험에서 수학 과목 800점 만점이라는 탁월한 성적을 거뒀다. 둘째 아들도 수학 과목에서 700점이 넘었다. 막내는 ACT 시험을 치렀는데, 36점 만점인 이 시험에서 과목 평균 34점을 받았다.

전국 통일시험(SAT 혹은 ACT 시험)의 난이도는 상당히 높아서 학생에 따라서는 따로 보습학원 등을 통해 시험 연습을 하기도 한다. 이 시험에서 좋은 성적을 얻으려면 연습, 또 연습 외에 다른 길이 없다. 시중에는 예상 문제집도 나와 있으니, 어쨌든 계속해서 문제 풀이를 연습해야 한다. 이 시험은 여러 차례 응시해도 상관없으며, 그중에서 가장 높은 점수를 학교 측에 제출하면 된다. 다만, 스탠퍼드대학교처럼 응시한 시험 성적 전부를 요구하는 경우도 있다. 그럴 경우 너무 여러 번 시험을 치른 경우는 오히려 대학 측에 나쁜 인상을 준다는 이야기도 있다.

아들들은 미국 고등학교에서 시험을 치렀고, 나는 기본적으로 전혀 간섭하지 않았다. 하지만 여름방학 때 아들들이 일본에 돌아오면 나는 아이들과 함께 시험 연습을 하곤 했다.

요즘 미국에서는 많은 대학이 통일된 입학지원서[12]의 형식을 채택하고 있다. 다시 말해 동일한 지원서로 여러 대학에 복수 지원할 수 있다. 그중에는 기본적인 에세이[13], 시험 성적, 추천서 등이 포함된다. 스탠퍼드대학교도 통합 입학지원서를 채택하고 있지만, 그 밖의 지원자들에게 대학이 특별 과제를 별도로 제시한다.

일반적으로 지원서에서 가장 중요한 것은 역시 에세이다. 이 에세이를 어떻게 쓰느냐가 합격 여부의 핵심 부분이다. 큰아들은 자신이 두 가지 서로 다른 문화적 환경에서 자라면서 겪은 경험에

---

**12** 입학지원서
대학에 제출하는 입학지원 서류로, 대개 온라인으로 제출할 수 있다. 입학지원에 필요한 자료로는 고등학교 때의 성적, 수상 경력, 수업 외 활동, 자유 주제의 에세이 등이 있다.

**13** 에세이
입학지원 동기, 미래 학업 계획 등 자신을 소개하고 드러내는 내용을 담는다. 구체적으로는 입학지원서에 포함된 에세이와 대학별로 요구하는 에세이로 나뉜다. 입학 심사에서 가장 중요한 부분이다.

서 출발하여 자아정체성을 주제로 한 에세이를 썼다. 둘째 아들은 내가 유선암을 앓은 일을 바탕으로 생명의 문제를 논했다. 막내아들은 자신이 직접 겪은 동일본 대지진이 자신의 삶에 어떤 영향이 있었는지를 썼다.

아들들이 쓴 에세이를 나도 다 읽어보았다. 어느 것 하나 감동적이지 않은 것이 없었다. 나는 아들들의 에세이를 읽으면서 눈물을 흘렸다. 지원 에세이에서 가장 중요한 부분은 바로 에세이의 내용에서 학생의 성격과 생각을 읽어낼 수 있느냐다. 아들들은 솔직하게 자신을 표현했고, 그 점이 입학사정관들의 공감을 끌어냈을 것이라 생각한다.

좋은 에세이를 쓰려면 오랜 기간 누적된 교육의 결과가 필요하다. 어떤 일을 타인에게 설명할 때의 논리적 순서, 자아 분석능력, 생각을 종합하는 능력, 자신만의 독특한 관점 등을 모두 갖춰야 한다. 지원 에세이는 짧은 논문 한 편을 쓰는 것과 같다. 한 학생이 그동안 받은 교육의 결과를 종합적으로 드러내는 결과물인 셈이다. 아들들의 에세이를 다 읽은 뒤 나도 모르게 이렇게 말했던 기억이 난다.

"스탠퍼드대학교에서 너를 뽑지 않는다면, 그건 대학의 손해야!"

아들들의 에세이는 그때까지 그 아이들이 살아온 인생을 집약

해놓았다고 할 만했다.

또한, 훌륭한 에세이를 쓰려면 풍부한 인생 경험을 쌓고 독자적인 사유 능력부터 길러야 한다. 그러기 위해서는 어릴 때부터 아이가 자신만의 견해를 가질 수 있도록 훈련시키는 것이 좋다. 아이들이 보고 듣는 이야기나 만나는 사람에 대해서 되도록 깊이 있게 분석하고 이해할 수 있도록 부모가 도와주어야 한다. 또한 아이들의 글쓰기 능력도 향상시켜야 한다. 아이들에게 책을 많이 읽도록 권장하고, 특히 글을 많이 써보라고 격려하는 것이 무엇보다 중요하다.

나의 세 아들은 모두 대학입학시험 에세이의 주제로 자신이 직접 경험한 일과 그에 대한 생각을 선택했고, 내용이 매우 감동적이었다. 내가 가르친 학생 중에 명문 고등학교에 다녔고 시험 성적도 좋았지만, 인생 경험이 부족해 에세이를 쓸 때 고민이 많았던 아이가 있었다. 나는 그 학생에게 혼자서 일본의 시골 마을로 2주 정도 여행을 다녀오라고 권했다. 여행 후 그 학생에게 여행에서 경험한 일이 그의 인생과 어떤 관계가 있었는지 생각해보라고 했다. 그 학생은 훌륭한 에세이를 써냈고, 미국의 명문 대학에 입학했다.

다시 말해 에세이는 한 학생의 심리를 대표하는 글이어야 하며, 자기 자신의 경험을 통해 표현된다. 그때까지 인생에서 어떤 경험을 쌓았는지, 어떤 생각을 하고 있는지가 가장 중요하다. 그래야 좋은 에세이를 쓰는 법도 배울 수 있다.

지원서에는 학업 이외의 활동에 대해서도 기술해야 한다. 대학에서는 응시자의 시험 성적이 좋은 것은 당연한 조건이라고 여긴다. 그래서 응시자가 학업 외의 생활에서 어떻게 시간을 보냈는지를 알고 싶어 한다. 리더십이 있는 학생인가? 사회에 어떤 공헌을 한 적이 있는가? 운동 능력은 뛰어난가? 예술적 소양이 있는가? 이처럼 다양한 각도에서 종합적으로 한 명의 학생을 판단하는 것이다. 이런 방면에서 다른 학생들과 차별화하는 것이 합격 여부에 중요한 작용을 한다.

큰아들은 고등학교 때 학교 대표로 뽑혔고, 학생 사법위원회(Judicial Council) 위원도 맡았다. 그 밖에도 학교의 규율위원도 겸하면서 저학년 후배들을 돕는 역할을 했다. 학교생활에서 공동체에 크고 작은 공헌을 한 것이다. 또한, 예술 방면으로도 학교 뮤지컬의 주역을 맡은 것 외에 기타와 색소폰을 연주하고 도자기 공예와 회화를 취미로 즐겼다.

사회 공헌 부문에서도, 유엔아동기금(유니세프)의 활동에 참여했고 지역사회에 홍수 피해가 생겼을 때 자원봉사자로 활동했다. '스포츠맨'이라고 할 정도로 운동을 좋아하거나 잘하지는 못했지만, 승마와 야영, 낚시를 즐기고 자연보호 활동에도 적극적으로 참여했다.

둘째 아들은 음악을 무척 좋아했고, 고등학교 때는 2년 연속 학교 뮤지컬의 주역을 맡았다. 자작곡이 인터넷에서 화제가 된 적이 있었고, 어느 음악 사이트에서는 컨트리 부문의 인기곡 10위 안에 들기도 했다.

둘째 아들이 고등학교 시절 기획, 주최한 음악 프로그램 '스프링 싱(Spring Sing)'은 모든 학생이 참여하는 것을 목적으로 하는 프로그램으로, 매년 열리는 정기적인 음악 활동으로 자리 잡았다. 둘째 아들 역시 학교의 규율위원으로 활동하며 후배들을 보살폈다. 유엔아동기금의 봉사활동 외에 별도로 태국(타이), 캄보디아 등지에 가서 적극적으로 자원봉사 활동을 하였다. 역시 승마와 야영 등의 야외 활동도 좋아한다.

컴퓨터 그래픽과 디자인에 재능이 있는 막내아들은 고등학교 때 학교 측의 의뢰를 받아 개교 125주년 기념 영상을 제작했다. 이 일 때문에 학교 역사를 취재하고 영상 대본을 쓰고 졸업생을 인터뷰하고 영상을 편집하는 등의 힘든 작업을 거쳐 영상을 완성했다. 영상이 상영되던 날 많은 졸업생이 모였고, 기념 영상은 아주 좋은 평가를 받았다. 감동을 받아 눈물을 흘린 사람도 많았다.

막내는 또 학교 캠퍼스 가이드 역할을 맡았고 형의 뒤를 이어 '스프링 싱' 프로그램도 제작했다. 두 형과 마찬가지로 학교의 규율위원이었다. 학교에서 자원봉사의 일환으로 매주 인근 유치원을 방문해 선생님들을 도와 어린이들을 가르치는 일을 했다. 그 밖에 학교 후배들의 글쓰기를 지도하는 멘토링 활동도 맡았다.

로봇 제작 커리큘럼에 참여하여 모교가 전국 고등학교 로봇대회에 출전하는 데 일정 부분 기여하기도 했다. 태국, 캄보디아에서 자원봉사 활동을 한 것 외에도 유니세프의 동일본 대지진 원조 활동에도 적극적으로 참여했다. 심지어 여름방학 기간을 이용해 기업체에서 인턴으로 일하는 경험을 쌓기도 했다. 미국에서는 마이크로소프트 산하의 자회사에서, 일본에서는 어느 기업의 디자인 부서에서 일했다.

막내아들은 승마 외에도 럭비에 재능이 있었고 암벽 등반도 즐긴다. 운동신경이 뛰어난 스포츠맨 타입이라고 할 수 있다.

상술한 것처럼 세 아들은 학교 안팎에서 적극적으로 학업 외의 다양한 활동에 참여했다. 미국의 대학은 학생을 선발할 때 학생이 이와 같은 활동에서 얼마나 활약했는지에 큰 관심을 둔다.

한 가지 더 결정적인 요소가 있다. 선생님의 추천서[14]이다. 스

---

14 추천서
객관적으로 지원자의 자질과 능력, 인격적 매력 등을 반영하여 작성한다. 대부분 고등학교 때의 지도교사, 진로 상담교사, 주요 과목의 담당 교사가 작성한다.

탠퍼드대학교에서는 응시생에게 영어와 화학 과목의 선생님이 쓴 추천서를 요구한다. 아들들은 각자 좋아하고 또 신뢰하는 선생님이 있었고, 자발적으로 선생님을 찾아가 추천서를 부탁했다. 아들들이 스탠퍼드대학교에 합격한 것은 선생님들이 멋진 추천서를 써준 것도 큰 힘이 되었다고 생각한다.

평소 선생님들과 적극적으로 교류하고, 질문이나 대화를 많이 하는 것은 매우 중요하다. 만일 나중에 선생님께 추천서를 부탁드릴 때, 평소 선생님과 별다른 교유가 없었던 학생이라면 선생님도 그 학생에 대해 뭐라고 써야 할지 난처할 것이다. 학생으로서 선생님이 자신을 이해할 수 있도록 노력하는 것도 중요한 일이다. 스탠퍼드대학교의 독자적인 에세이 과제[15] 에서는 '평소 어떤 책을

---

15 스탠퍼드대학교에서 2015년 제시한 에세이 주제는 다음과 같다. (자료 제공: 해외 명문대 진학상담소 'Route H')
　－ '나'에 관하여
　　(1) 가장 좋아하는 책, 작가, 영화와 예술가를 열거하시오. (50자 이내)
　　(2) 어떤 신문, 잡지, 웹사이트를 좋아하는지 서술하시오. (50자 이내)
　　(3) 오늘날 사회가 직면한 가장 중요한 과제는 무엇인지 서술하시오. (50자 이내)
　　(4) 지난 2년간 여름방학을 어떻게 보냈는지 서술하시오. (50자 이내)
　　(5) 최근 1년간 있었던 가장 즐거운 일(공연, 전시, 경연대회, 회의 등)이 무엇인지 서술하시오. (50자 이내)
　　(6) 가능하다면 어떤 역사 사건을 목격하고 싶은지 서술하시오. (50자 이내)
　　(7) 자신을 가잘 잘 묘사하는 단어 다섯 개를 쓰시오.
　－ 수업 외 활동: 자신이 참가한 수업 외 활동 혹은 근로 경력을 한 가지 골라 간단히 서술하시오. (150자 이내)
　－ 나 자신의 중요한 관점과 경험: 스탠퍼드대학교 학생은 누구나 지혜의 생명력을 품고

읽는가?', '미래의 기숙사 룸메이트에 보내는 편지를 쓰라'와 같은 주제가 제시된다. 아들들이 이런 에세이를 쓸 때는 유머러스하기도 하고 진지하기도 한 여러 가지 모습이 드러난다.

학교 측은 지원서를 받은 후, 여러 명의 입학사정관이 지원서를 읽고 반복적인 토론을 거쳐서 합격 여부를 결정한다. 이 과정은 비공개로 진행되기 때문에 나도 상세하게 설명하기 어렵다. 산처럼 쌓인 지원서 중에서 어떻게 해야 사정관의 시선을 끌 수 있을 것인가? 어떻게 해야 자신을 잘 드러낼 수 있을까? 이것이 가장 어려운 부분이다.

솔직히 말해서 세 아들이 모두 합격할 수 있었던 이유는 나도 정확히 알지 못한다. 다만, 할 수 있는 노력을 최대한 했을 뿐이다. 아주 우수한 성적을 거둔 아들의 많은 친구들이 안타깝게 스탠퍼드대학교에 입학하지 못했다.

---

있습니다. 자신의 지혜를 성장시킨 중요한 관점, 경험을 서술하시오. (250자 이내)
- 미래의 기숙사 룸메이트에게 보내는 편지: 스탠퍼드대학교의 학생 대부분은 캠퍼스 내 기숙사에 살고 있습니다. 자신을 표현하기 위하여, 혹은 당신의 룸메이트를 돕기 위하여, 우리가 당신을 더 잘 이해하기 위하여 미래의 룸메이트에게 보내는 편지를 작성하시오. (250자 이내)
- 나 자신에게 중요한 것: 나에게 중요한 것이 무엇인지, 그 이유와 함께 서술하시오. (100~250자 이내)

아이들의 고등학교 선생님이 이렇게 말한 적이 있다.

"합격하지 못했다고 해서 실망할 것 없다. 그저 자신과 그 대학이 인연이 아니었다고 생각해라."

나 역시 그렇게 생각한다.

세 아들이 모두 스탠퍼드대학교에 합격한 것은 스탠퍼드가 바라는 이상적인 학생이었기 때문이고, 내가 아이들을 길러낼 때의 교육 목표와 일치했기 때문이다.

물론, 아이들이 쉬지 않고 성실하게 노력한 덕분이다. 그러나 나는 그 위에 선생님들을 포함하여 수많은 사람이 아이들의 성장을 도와주었기 때문에 그렇게 입학이 어렵다는 대학에 합격했다고 생각한다.

아이들을 응원하고 도와준 모든 분께 진심으로 감사한 마음뿐이다.

# 나의 세 아들에 대하여

이 책에 등장하는 나의 세 아들을 다시 소개하겠다.

큰아들 아서(Arthur, 일본 이름 가네코 가즈헤이[金子和平])는 1986년 나의 어머니가 거주하던 캐나다 토론토에서 태어났다. 둘째 알렉스(Alex, 일본 이름 가네코 쇼우헤이[金子昇平])는 1989년 스탠퍼드대학교의 병원에서 태어났다. 나는 그때 스탠퍼드대학교에서 유학 중이었다. 셋째 아폴로(Apollo, 일본 이름 가네코 교우헤이[金子協平])는 1996년 내 고향인 홍콩에서 태어났다. 세 아들은 모두 통통한 우량아로 태어났고 큰 탈 없이 건강하게 자라주었다.

세 아들은 모두 위탁 보육시설에 다녔다. 두 살 반부터 도쿄 시부야 구(區)에 있는 아오바[靑葉] 국제학교에 들어갔다. 아이들은 친구들과 놀이하는 동시에 자연스럽게 영어를 배웠다. 기본적으로 집에서는 아이들에게 일본어를 가르치고 영어는 국제학교에서 배웠다.

그 후 초등학교, 중학교는 모두 도쿄 미나토 구(區)의 니시마치 국제학교를 다녔다. 당시에도 일본의 비교적 유명한 사립 초등학교를 놓고 고민했는데, 우리 부부가 면밀히 상의한 결과 어렵게 영어의 기초를 다진 것과 한자 능력은 조금 약하지만, 아이를 계속 국제학교에 보내기로 결정했다. 앞으로 세계로 뻗어 나가려면 영어는 필수불가결한 능력이라고 생각했기 때문이다. 조금 모험적일지라도 도전해보자고 생각한 것이다. 그래서 아이들을 국제학교에 보냈다.

니시마치 국제학교는 수업을 기본적으로 영어로 진행한다. 다만, 일본어, 일본 문화 수업이 별도로 개설된다. 나는 이런 2개 국어 교육이 아들들의 잠재력을 개발하는 데 큰 도움이 될 거로 생각했다.

그 후 고등학교부터는 세 아이가 미국 캘리포니아주의 대처고등학교에서 유학했다.

당시 나는 미국의 고등학교에 대해 아무런 정보도 없었다. 스탠퍼드대학교에서 알게 된 교수님의 도움을 받아 미국 명문 고등학교 자료를 수집했다. 나는 큰아들과 의논 끝에 약 10곳의 후보군을 선정했다. 미국의 명문고는 대부분 동쪽 연안에 집중되어 있다. 그러나 큰아들이 가장 마음에 들어 한 학교는 서쪽 연안의 대처고등학교였다.

이 고등학교의 커리큘럼은 매우 독특하다. 엄격한 학습 분위기 외에도 야외 활동과 스포츠를 균형 있게 가르치는 것이 교육 이념이다. 이 학교에서는 전교생 기숙사제를 시행하고 있으며, 커다란 목장이 있어서 신입생에게 말을 한 필씩 배정해 책임지고 돌보게 한다. 신입생은 매일 아침 일어나자마자 마구간으로 가서 말의 대소변을 치우고 먹이를 줘야 한다. 말을 돌보는 일이 끝난 뒤에야 씻고 아침을 먹는다. 이런 일과는 평일과 주말을 가리지 않는다. 학생들은 자신 외에 다른 생명을 돌보는 의무를 통해 생명의 중요성을 배우고 책임감을 기른다.

그 밖에 매년 두 차례씩 일주일간의 야영 활동에 참여해야 한다. 엄혹하다고 할 정도로 힘든 생존 훈련이다. 학생들은 이런 활동에서 상호부조(相互扶助)의 정신을 기르고 우정을 쌓는다.

큰아들과 나는 이런 교육 이념에 매력을 느꼈고 이 고등학교를 선택했다. 이 결정이 옳았다는 것은 이미 사실로 드러났다.

실제로 도시에서 자란 큰아들은 고등학교에 입학하기 전에는 체육활동에서 그다지 두각을 나타내지 않았다. 체질이 약한 편에 속하는 아이였다. 그런데 고등학교 입학 후 한 학기가 끝나고 다시 만날 때마다 아들이 점점 더 건강해진다는 것을 느낄 수 있었다.

졸업 후, 큰아들은 스탠퍼드대학교에 합격했다. 이어 동생들도 형을 따라 같은 고등학교에 다녔고, 역시 스탠퍼드대학교에 입학했다.

지금 아들들은 모두 미국 캘리포니아주의 실리콘밸리에 살고 있다.

큰아들 가즈헤이는 대학에서 국제정치와 경제학을 전공했다. 대학 시절 워싱턴 백악관에서 인턴으로 근무한 경력이 있고, 중국 베이징대학교에서 한 학기를 교환학생으로 보냈다. 스탠퍼드 재학 시절 가즈헤이는 소프트웨어 개발회사에서 일을 시작했다. 이 회사가 개발한 소프트웨어로 아들이 동료들과 함께 그린 그림을 감상할 수 있다.

그 후 아들은 미국의 투자회사에서 근무했는데, 2년 만에 부사장 직위에 올랐다. 그 후 동료와 함께 자신의 회사를 창업하면서 고수익의 직장을 그만두었다. 지금은 자신이 창업한 회사의 CEO(최고경영자)로 회사의 일상적인 운영과 부하직원의 관리를 맡아 매일 바쁘게 지낸다. 내가 너무 바쁘게 일하는 게 아니냐고 걱정할 정도로 한가한 시간이 거의 없다. 하지만 가즈헤이가 일에 몰두하는 모습을 보면 참으로 믿음직스럽다는 생각이 든다.

가즈헤이는 지금도 요리를 즐겨 한다. 개인적인 파티에서는 친구들에게 직접 요리를 해준다. 가즈헤이는 모바일 메신저 라인(LINE)으로 사진을 종종 보내는데, 많은 친구에게 둘러싸인 큰아들의 모습을 보면 미소가 절로 나온다.

둘째 쇼우헤이는 음악 기술을 전공했다. 학부 졸업 전에 석사 과정 이상만 들어갈 수 있는 스탠퍼드대학교 산하 컴퓨터 음악 및 공학연구소(CCRMA)에서 특별히 음악과 컴퓨터 공학 과정을 이수한 바 있다. 재학 시절에는 아카펠라 합창단으로 활동했고 미국 각지를 돌며 공연하기도 했다. 학생들이 자체적으로 제작한 뮤지컬의 주역으로 뽑혀 세계 여러 나라에서 공연을 했다.

졸업 후 곧바로 새로운 형태의 보청기를 개발하는 회사에 채용됐다. 음향 관련 엔지니어로 근무하면서 동료들과 함께 역사에 한 획을 긋는 새로운 상품을 개발했다. 이 보청기 상품명은 '이어고(EARGO)'라고 한다. 출시하자마자 엄청난 인기를 끌었다.

현재 둘째 쇼우헤이는 차세대 보청기를 개발하기 위한 연구를 계속하고 있다.

쇼우헤이는 자주 피트니스 클럽에서 몸을 단련한다. 지금의 꿈은 남아메리카에서 시작해 미국 전역을 가로지르며 6개월간의 야영 여행을 하는 것이다.

막내아들 교우헤이는 이제 막 스탠퍼드대학교에서 학업을 시작했다. 어떤 학문을 전공할지 고민 중이며, 5년 안에 석사학위를 취득하려는 계획을 갖고 있다. 앞으로 인공지능 연구에 종사하고 싶다고 한다. 대학 입학 후 많은 친구를 사귀었고, 한창 대학 생활의 즐거움에 푹 빠져 있다.

마지막으로, 나의 세 아들 모두에게는 아름다운 여자 친구도 있다.

50 Education Methods from a Mother
Who Put 3 Sons into Stanford University

50가지 교육법으로 스탠퍼드대에
세 아들 보낸 '워킹 맘' 이야기

# 교육 엄마

초판 1쇄 인쇄 2019년 01월 05일
초판 1쇄 발행 2019년 01월 15일

지은이 | 천 메이링
옮긴이 | 강초아
펴낸이 | 김정동
펴낸곳 | 서교출판사

주소 | 서울시 마포구 성지길 25-20 덕준빌딩 2F
전화 | 3142-1471(대표) 팩스 6499-1471

진행 · 편집 | 김윤겸
디자인 | 디자인창
교정 · 교열 | 이창훈
영업 | 유재영 · 김은경
온라인 마케팅 | 박상현
홍보 | 박성현

등록번호 | 제10-1534
E-mail | seokyodong1@naver.com
홈페이지 | http://blog.naver.com/seokyobooks

ISBN | 979-11-89729-00-4  03370
CIP | 2018026284

서교출판사는 독자 여러분의 투고를 기다리고 있습니다.
자녀교육 또는 자기계발 관련 원고나 아이디어가 있으신 분은 seokyobooks@naver.com으로
개요와 취지 등을 보내주세요. 출판의 길이 열립니다.

이 도서의 국립중앙도서관 CIP는 서지정보유통지원시스템 홈페이지(http://seoji.nl.go.kr)와
국가자료공동목록시스템(http://www.nl.go.kr/kolisnet)에서 이용하실 수 있습니다.
(CIP 제어번호: CIP2018026284)